APRENDA LIGHTGBM

*Construa Modelos Precisos com
Machine Learning Escalável*

Diego Rodrigues

APRENDA LIGHTGBM

Construa Modelos Precisos com

Machine Learning Escalável

Edição 2025

Autor: Diego Rodrigues

studiod21portoalegre@gmail.com

Publicado por StudioD21.

Nota Importante

Os códigos e scripts apresentados neste livro têm como principal objetivo ilustrar, de forma prática, os conceitos discutidos ao longo dos capítulos. Foram desenvolvidos para demonstrar aplicações didáticas em ambientes controlados, podendo, portanto, exigir adaptações para funcionar corretamente em contextos distintos. É responsabilidade do leitor validar as configurações específicas do seu ambiente de desenvolvimento antes da implementação prática.

Mais do que fornecer soluções prontas, este livro busca incentivar uma compreensão sólida dos fundamentos abordados, promovendo o pensamento crítico e a autonomia técnica. Os exemplos apresentados devem ser vistos como pontos de partida para que o leitor desenvolva suas próprias soluções, originais e adaptadas às demandas reais de sua carreira ou projetos. A verdadeira competência técnica surge da capacidade de internalizar os princípios essenciais e aplicá-los de forma criativa, estratégica e transformadora.

Estimulamos, portanto, que cada leitor vá além da simples reprodução dos exemplos, utilizando este conteúdo como base para construir códigos e scripts com identidade própria, capazes de gerar impacto significativo em sua trajetória profissional. Esse é o espírito do conhecimento aplicado: aprender profundamente para inovar com propósito.

Agradecemos pela confiança e desejamos uma jornada de estudo produtiva e inspiradora.

ÍNDICE

SAUDAÇÕES!

Seja muito bem-vindo a esta jornada pelo universo do LightGBM, uma das ferramentas mais fascinantes e transformadoras no campo do aprendizado de máquina. Receber você neste livro não é apenas motivo de satisfação, mas de grande entusiasmo, pois sei que você está prestes a atravessar uma fronteira tecnológica capaz de redefinir suas competências e expandir radicalmente o seu impacto profissional.

A decisão de explorar o LightGBM não é casual nem trivial. Em meio a um mar de bibliotecas e frameworks, o LightGBM destaca-se por sua eficiência, escalabilidade e precisão impressionantes, sendo capaz de lidar com conjuntos de dados massivos e entregando modelos que superam benchmarks nos mais variados domínios — da saúde à indústria financeira, do marketing digital à engenharia de sistemas. O fato de você ter escolhido este livro como seu guia revela não apenas um desejo de aprendizado, mas um compromisso claro com a excelência técnica.

Minha missão aqui é conduzir você por uma jornada que vai muito além das instruções básicas. Quero equipá-lo não apenas com comandos e scripts, mas com a compreensão profunda que diferencia um executor de um verdadeiro estrategista. Ao longo desta obra, trabalharemos juntos para que você compreenda os fundamentos matemáticos e computacionais que tornam o LightGBM tão eficiente, explore casos práticos relevantes e aprenda a resolver desafios complexos com autonomia, segurança e precisão.

É com essa perspectiva que lhe dou as boas-vindas. Que este livro seja não apenas mais um recurso técnico em sua estante, mas um divisor de águas em sua trajetória. Que você sinta, a cada capítulo, a transformação do seu olhar técnico, e que saia desta leitura com mais conhecimento e com uma capacidade ampliada de inovar, resolver problemas e gerar valor real.

Seja muito bem-vindo à exploração prática, estratégica e transformadora do LightGBM!

SOBRE O AUTOR

Diego Rodrigues
Autor Técnico e Pesquisador Independente
ORCID: https://orcid.org/0009-0006-2178-634X
StudioD21 Smart Tech Content & Intell Systems
E-mail: studiod21portoalegre@gmail.com
LinkedIn: linkedin.com/in/diegoxpertai

Autor técnico internacional (*tech writer*) com foco em produção estruturada de conhecimento aplicado. É fundador da StudioD21 Smart Tech Content & Intell Systems, onde lidera a criação de frameworks inteligentes e a publicação de livros técnicos didáticos e com suporte por inteligência artificial, como as séries Kali Linux Extreme, SMARTBOOKS D21, entre outras.

Detentor de 42 certificações internacionais emitidas por instituições como IBM, Google, Microsoft, AWS, Cisco, META, Ec-Council, Palo Alto e Universidade de Boston, atua nos campos de Inteligência Artificial, Machine Learning, Ciência de Dados, Big Data, Blockchain, Tecnologias de Conectividade, Ethical Hacking e Threat Intelligence.

Desde 2003, desenvolveu mais de 200 projetos técnicos para marcas no Brasil, EUA e México. Em 2024, consolidou-se como um dos maiores autores de livros técnicos da nova geração, com mais de 180 títulos publicados em seis idiomas. Seu trabalho tem como base o protocolo próprio de escrita técnica aplicada TECHWRITE 2.2, voltado à escalabilidade, precisão conceitual e aplicabilidade prática em ambientes profissionais.

APRESENTAÇÃO DO LIVRO

Vivemos uma era em que dados são o combustível da inovação, e a capacidade de extrair valor desses dados define o sucesso de organizações e profissionais em todos os setores. O LightGBM, uma biblioteca de aprendizado de máquina baseada em gradient boosting, surge como uma resposta poderosa e elegante para os desafios contemporâneos de modelagem, combinando alta performance computacional, flexibilidade e precisão.

Este livro foi cuidadosamente elaborado para servir como um guia para profissionais que desejam dominar o LightGBM de ponta a ponta. Ele vai muito além de uma introdução superficial. Aqui, você encontrará um percurso didático que cobre desde a instalação da biblioteca em diferentes sistemas operacionais, passando pelos fundamentos teóricos de boosting, trees e leaves, até as aplicações práticas em classificação, regressão e ranking. Exploraremos ainda tópicos avançados como ajuste fino de hiperparâmetros, uso de GPU, integração com Optuna para tunagem automática, e práticas de deploy e monitoramento em ambientes de produção.

O propósito central desta obra não é apenas ensinar o "como fazer", mas o "por que fazer". Em cada capítulo, a ênfase recai sobre a compreensão conceitual, a aplicabilidade prática e a solução de problemas reais. As seções de resolução de erros comuns e boas práticas garantem que o leitor avance com confiança, enquanto os resumos estratégicos conectam o aprendizado técnico ao impacto no mundo real.

O público-alvo deste livro é amplo e diverso: cientistas de dados, engenheiros de machine learning, analistas de negócio, desenvolvedores, pesquisadores acadêmicos e entusiastas que desejam elevar suas competências para um novo patamar. Seja você um iniciante curioso ou um profissional experiente em busca de consolidação e atualização, encontrará neste conteúdo uma fonte rica, organizada e profundamente prática.

A metodologia adotada prioriza clareza, progressão didática e modularidade. Cada capítulo foi pensado como uma peça que se encaixa em um mosaico maior, permitindo que o leitor avance de forma linear ou consulte tópicos específicos de acordo com suas necessidades. Os exemplos foram escolhidos para refletir situações reais de mercado, e os scripts apresentados foram testados para assegurar reprodutibilidade e aplicabilidade imediata.

Ao final desta leitura, minha expectativa é que você se sinta não apenas capacitado a utilizar o LightGBM em projetos reais, mas inspirado a explorar novas fronteiras de aplicação, contribuindo para soluções mais inteligentes, eficientes e impactantes em sua área de atuação.

Prepare-se para um mergulho profundo em uma das ferramentas mais poderosas do ecossistema de machine learning. Que esta jornada seja não apenas instrutiva, mas transformadora, e que ela fortaleça sua posição como profissional de destaque em um mundo cada vez mais orientado a dados.

CAPÍTULO 1. INTRODUÇÃO AO LIGHTGBM

O LightGBM, sigla para Light Gradient Boosting Machine, representa uma das mais avançadas bibliotecas para aprendizado de máquina baseadas no método de gradient boosting. Desenvolvido inicialmente pela Microsoft, o LightGBM ganhou enorme popularidade na comunidade de ciência de dados graças à sua eficiência incomparável e sua capacidade de lidar com grandes volumes de dados e features com desempenho excepcional. Este capítulo traça um panorama detalhado sobre o que torna o LightGBM tão relevante no ecossistema de machine learning, suas diferenças em relação a outras bibliotecas populares como XGBoost e CatBoost, suas aplicações práticas no mercado e os principais conceitos que embasam seu funcionamento.

Sobre o LightGBM

O LightGBM é uma biblioteca open-source de aprendizado supervisionado que utiliza o princípio do gradient boosting para construir modelos preditivos precisos e escaláveis. O gradient boosting é uma técnica que combina múltiplos modelos fracos, geralmente árvores de decisão, em um modelo robusto e poderoso, onde cada nova árvore tenta corrigir os erros cometidos pelas anteriores. Esse processo iterativo resulta em modelos que conseguem capturar padrões complexos nos dados sem perder a capacidade de generalização.

Uma das inovações centrais do LightGBM é sua abordagem exclusiva de crescimento das árvores. Ao invés do tradicional crescimento nível a nível (level-wise), que expande todos os nós de uma árvore simultaneamente, o LightGBM adota um crescimento folha a folha (leaf-wise). Isso significa que ele identifica e expande o nó com o maior ganho de informação, permitindo uma redução mais agressiva no erro do modelo a cada iteração. Esse diferencial torna o LightGBM altamente eficiente, especialmente em datasets com grande número de observações e features.

Além disso, o LightGBM oferece suporte nativo para variáveis categóricas, minimizando a necessidade de pré-processamento extensivo. Ele também conta com funcionalidades otimizadas para execução em GPU, aceleração por paralelismo e estratégias inteligentes de amostragem de dados e features, o que o torna uma escolha atraente em cenários de produção.

Diferenças entre LightGBM, XGBoost e CatBoost

Embora LightGBM, XGBoost e CatBoost pertençam à mesma família de algoritmos — gradient boosting —, existem diferenças substanciais em seus mecanismos internos e áreas de maior eficiência. O XGBoost, uma das primeiras bibliotecas populares de boosting, adota o crescimento nível a nível, o que tende a ser mais estável, mas menos agressivo no ganho de acurácia por iteração em comparação ao leaf-wise do LightGBM. Enquanto o XGBoost também suporta execução paralela e em GPU, seu consumo de memória e tempo de treinamento tendem a ser superiores ao do LightGBM, principalmente em datasets muito grandes.

O CatBoost, por outro lado, foi desenvolvido com foco em lidar com variáveis categóricas e pequenos conjuntos de dados com ruído. Ele utiliza um algoritmo proprietário de codificação de variáveis categóricas que evita overfitting, tornando-o uma escolha poderosa para cenários em que variáveis não numéricas predominam. Enquanto o LightGBM também lida bem com dados categóricos, o CatBoost se destaca pela robustez no tratamento desses dados sem necessidade de one-hot encoding ou target encoding.

Outra diferença marcante está na facilidade de uso. O CatBoost apresenta defaults muito amigáveis e performáticos para iniciantes, enquanto o LightGBM, embora poderoso, exige mais atenção ao ajuste de hiperparâmetros para alcançar performance ideal. Já o XGBoost, amplamente documentado e suportado, possui uma curva de aprendizado relativamente suave, mas que demanda mais recursos computacionais para alcançar resultados comparáveis ao LightGBM em problemas de larga escala.

Aplicações Práticas no Mercado

O LightGBM encontrou ampla adoção no mercado graças à sua capacidade de entregar modelos altamente precisos com tempos de treinamento reduzidos. Ele é utilizado em uma ampla gama de setores e casos de uso.

No setor financeiro, é empregado para previsão de inadimplência, avaliação de risco de crédito, detecção de fraudes e modelagem de churn de clientes. Empresas como bancos, fintechs e seguradoras encontram no LightGBM um aliado poderoso para construir modelos preditivos robustos que precisam processar milhões de registros em questão de minutos.

No varejo e no e-commerce, o LightGBM é amplamente aplicado em sistemas de recomendação, previsão de demanda, personalização de ofertas e análise de cestas de compras. Ele permite que empresas ajustem estoques, segmentem clientes com precisão e ofereçam experiências personalizadas em larga escala.

No setor de saúde, ele é utilizado para prever desfechos clínicos, diagnosticar doenças a partir de dados estruturados e priorizar atendimentos de emergência. Modelos construídos com LightGBM conseguem integrar variáveis heterogêneas, como registros eletrônicos de saúde e resultados laboratoriais, com alta performance preditiva.

Além disso, o LightGBM é fundamental em aplicações de marketing digital, especialmente em otimização de campanhas publicitárias, segmentação comportamental e previsão de conversão. Plataformas de anúncios, ferramentas de análise e empresas de mídia confiam em modelos LightGBM para tomar decisões em tempo real baseadas em volumes massivos de dados.

Principais Conceitos: Boosting, Trees, Leaves

Para compreender a fundo o funcionamento do LightGBM, é fundamental entender alguns conceitos centrais que permeiam seu design.

O boosting é uma técnica de ensemble learning onde modelos simples, chamados de weak learners (ou aprendizes fracos), são combinados de forma sequencial para formar um modelo final robusto. Cada novo modelo é treinado para corrigir os erros dos modelos anteriores, focando nos exemplos que foram classificados erroneamente. Esse processo reduz o viés e aumenta a capacidade preditiva do ensemble, transformando modelos simples em preditores altamente sofisticados.

As árvores de decisão (trees) utilizadas no LightGBM são geralmente do tipo CART (Classification and Regression Trees). Elas funcionam segmentando o espaço de entrada em regiões homogêneas, construindo uma estrutura hierárquica de decisões binárias. As árvores são construídas considerando métricas de ganho de informação, como redução de entropia ou ganho de Gini, dependendo do problema.

As leaves, ou folhas, são os nós finais das árvores, que armazenam os valores preditivos do modelo. No LightGBM, a estratégia leaf-wise significa que, a cada iteração, o nó com maior ganho potencial é escolhido para divisão, independentemente de seu nível na árvore. Esse método leva a uma redução mais rápida do erro, porém pode gerar árvores desbalanceadas se não forem utilizados mecanismos de regularização, como o max_depth ou o num_leaves.

Outro conceito essencial é o histogram-based splitting, utilizado pelo LightGBM para acelerar o processo de treinamento. Ao invés de calcular divisões para cada valor único das features, o LightGBM agrupa os dados em bins (intervalos) e realiza as divisões com base nesses histogramas. Essa abordagem reduz significativamente a complexidade computacional e o uso de memória, tornando possível trabalhar com datasets massivos.

Resumo Estratégico

O LightGBM posiciona-se como uma das bibliotecas mais poderosas e eficientes para machine learning tabular, oferecendo vantagens significativas em velocidade, escalabilidade e precisão. Sua arquitetura baseada em leaf-wise tree growth, suporte nativo a dados categóricos, paralelização avançada e integração fluida com ecossistemas Python fazem dele a escolha preferencial em muitos projetos do mercado e da academia.

Ao compreender as diferenças em relação ao XGBoost e CatBoost, o leitor consegue escolher a ferramenta mais adequada para cada desafio, aproveitando ao máximo os pontos fortes do LightGBM. Ao explorar suas aplicações práticas, fica evidente que seu impacto vai muito além da teoria, influenciando setores como finanças, varejo, saúde e marketing digital de forma decisiva.

Os conceitos fundamentais de boosting, árvores de decisão e leaves fornecem a base necessária para entender não apenas como utilizar o LightGBM, mas como extrair dele todo o potencial técnico. O conhecimento técnico desses conceitos permite que o profissional construa modelos não apenas precisos, mas estrategicamente alinhados aos objetivos do negócio.

A partir deste capítulo, você estará preparado para avançar para os próximos tópicos com uma compreensão sólida e contextualizada, pronto para colocar o LightGBM em prática de forma competente, eficiente e estratégica. Essa base sólida é essencial para um progresso consistente ao longo dos módulos seguintes, onde mergulharemos nas nuances da instalação, ajuste de modelos, tunagem de hiperparâmetros e integração com pipelines complexos. Você sairá não apenas com habilidades operacionais, mas com um olhar crítico e estratégico, capaz de identificar oportunidades, resolver gargalos e potencializar resultados em seus projetos.

CAPÍTULO 2. INSTALANDO O LIGHTGBM

A instalação correta do LightGBM é o ponto de partida para extrair o máximo desempenho da biblioteca em projetos reais de machine learning. Embora existam múltiplas formas de instalação — via gerenciadores de pacotes ou compilação do código-fonte —, o processo requer atenção a detalhes que garantem compatibilidade entre sistema operacional, dependências e configurações de hardware. Abordaremos o passo a passo para instalar o LightGBM de forma robusta, desde os pré-requisitos até os primeiros testes, incluindo as variações necessárias para diferentes sistemas e os erros mais frequentes enfrentados durante o processo.

A experiência de uso do LightGBM pode variar significativamente dependendo da forma como ele é instalado. Em alguns ambientes, o uso do pip ou conda é suficiente para iniciar o trabalho imediatamente. Em outros casos, como quando há necessidade de suporte a GPU ou controle sobre opções avançadas, é recomendável compilar a biblioteca manualmente. Entender essas possibilidades garante liberdade técnica para aplicar o LightGBM em contextos diversos, com segurança e desempenho.

Pré-Requisitos do Sistema

Antes de iniciar qualquer tentativa de instalação, é necessário garantir que o sistema atenda aos requisitos mínimos. O Python deve estar instalado em sua versão 3.7 ou superior, com as bibliotecas numpy, scipy, pandas e scikit-learn já presentes no ambiente. Para instalações baseadas em código-fonte, o compilador C++ também é obrigatório. Usuários de Linux e macOS devem ter o GCC atualizado; no Windows, é necessário o Visual C++ Build Tools compatível com o sistema.

Máquinas com suporte a GPU devem ter o CUDA Toolkit correspondente à versão dos drivers da placa gráfica, além do OpenCL instalado. Isso permitirá utilizar a capacidade de processamento gráfico para acelerar o treinamento dos modelos, especialmente em grandes volumes de dados.

É recomendável utilizar ambientes virtuais Python (venv ou conda envs) para isolar a instalação e evitar conflitos de dependências. Essa prática facilita a organização dos projetos e garante reprodutibilidade do ambiente.

Instalação via pip

A forma mais prática de instalar o LightGBM em ambientes de uso geral é por meio do pip:

nginx

```
pip install lightgbm
```

O comando instalará a versão mais recente publicada no PyPI, com suporte a CPU e todas as dependências básicas. O LightGBM, por padrão, será compilado sem suporte à GPU nesse formato. Para instalações com GPU via pip, o processo envolve flags específicas e recompilação.

Para forçar a instalação de uma versão específica da biblioteca, utiliza-se:

nginx

```
pip install lightgbm==3.3.5
```

Vale lembrar que nem todas as versões disponíveis possuem

suporte completo a sistemas operacionais mais recentes. Consultar o changelog do projeto no GitHub é uma prática recomendada antes de decidir qual versão utilizar.

Instalação via Conda

Usuários que trabalham com Anaconda ou Miniconda podem preferir o uso do conda, que oferece maior controle sobre dependências e ambientes isolados:

r

```
conda install -c conda-forge lightgbm
```

Tal método cuida automaticamente da instalação de dependências como libomp, numpy, scipy e scikit-learn, sendo extremamente útil para quem precisa de estabilidade em ambientes científicos. A versão instalada é aquela mantida no canal conda-forge, que costuma estar atualizada com as versões principais do projeto.

Instalar via conda é especialmente útil em sistemas onde a compilação de bibliotecas nativas apresenta desafios, como Windows com configurações específicas de compilador.

Compilação a partir do Código-fonte

Para quem precisa de suporte avançado, como aceleração por GPU, ou deseja personalizar a instalação, é necessário compilar o LightGBM diretamente do código-fonte.

O primeiro passo é clonar o repositório oficial com:

bash

```
git clone --recursive https://github.com/microsoft/LightGBM.git
```

Após isso, acessa-se o diretório:

bash

```
cd LightGBM
```

A compilação pode seguir diferentes caminhos de acordo com o sistema operacional.

No Linux/macOS:

bash

```
mkdir build
cd build
cmake ..
make -j4
```

No Windows (com Visual Studio):

A compilação exige o uso do CMake para geração do projeto e posterior build com MSBuild ou diretamente pela IDE.

arduino

```
cmake -DUSE_GPU=1 ..
cmake --build . --target ALL_BUILD --config Release
```

Durante a compilação, o uso de flags como USE_GPU=1, USE_OPENCL=1 ou USE_METRICS=1 permite ajustar os recursos ativados no binário final.

Ao final da compilação, é necessário instalar o pacote Python:

bash

```
cd ../python-package
python setup.py install
```

Configuração em Diferentes Sistemas

No Windows, o caminho mais estável envolve o uso de Anaconda, pois a instalação de compiladores e a configuração do PATH pode ser desafiadora. Utilizar o Prompt do Anaconda e instalar via conda evita conflitos e reduz a incidência de erros.

No Linux, a instalação é mais direta, com uso de apt, yum ou dnf para instalar GCC e outras dependências. O gerenciamento de permissões e paths pode exigir conhecimento prévio de variáveis de ambiente e configuração de bibliotecas.

No macOS, o Homebrew é a ferramenta preferida para instalar dependências como cmake, libomp e gcc. A configuração de variáveis no .zshrc ou .bash_profile garante que o terminal reconheça corretamente as bibliotecas nativas.

Resolução de Erros Comuns

Erro: "No module named lightgbm"
Solução: Verifique se a instalação foi realizada no ambiente Python correto. Ative o ambiente virtual e repita o processo de instalação com pip install lightgbm.

Erro: "Cannot find Boost" ao compilar
Solução: Instale manualmente as bibliotecas Boost com apt install libboost-dev (Linux) ou configure corretamente as variáveis de ambiente que apontam para o diretório das bibliotecas.

Erro: "CUDA driver version is insufficient"
Solução: Atualize o driver da GPU para uma versão compatível com o CUDA Toolkit instalado. Consulte a documentação da sua placa gráfica para baixar a versão mais recente.

Erro: "Permission denied" ao rodar scripts em Linux/macOS
Solução: Verifique as permissões com chmod +x nos arquivos correspondentes. Execute os comandos como superusuário

apenas quando necessário, com sudo.

Erro: "Command 'cmake' not found"
Solução: Instale o CMake com sudo apt install cmake no Linux ou brew install cmake no macOS. No Windows, verifique se o executável está no PATH do sistema.

Erro: "lightgbm cannot be imported" após compilação
Solução: Certifique-se de que o comando python setup.py install foi executado corretamente e que o diretório python-package foi acessado após a build.

Boas Práticas

- Utilize ambientes virtuais para cada projeto, garantindo isolamento e controle de dependências.

- Prefira a instalação via conda em sistemas que apresentem incompatibilidades com compiladores nativos.

- Ao compilar com suporte a GPU, valide cada etapa: versão do CUDA, drivers, compatibilidade do hardware e flags de compilação.

- Documente o ambiente de instalação (versões, variáveis de ambiente, ferramentas auxiliares) e compartilhe com a equipe de projeto.

- Em ambientes Linux, verifique a integridade de permissões após instalações manuais ou mudanças no PATH.

- Teste a instalação executando python -c "import lightgbm as lgb; print(lgb.__version__)" para validar se a biblioteca foi corretamente instalada.

- Mantenha backups de ambientes produtivos, especialmente antes de atualizar versões de bibliotecas ou drivers.

Resumo Estratégico

A instalação do LightGBM é uma etapa decisiva na estruturação de pipelines de machine learning modernos e eficientes. Entender os diferentes caminhos de instalação — via pip, conda ou compilação manual — permite adaptar a biblioteca aos requisitos específicos de cada projeto, seja em ambiente local, servidor, container ou cloud.

A configuração correta do sistema, o preparo do ambiente virtual e a familiaridade com as ferramentas auxiliares reduzem drasticamente o tempo de setup e aumentam a estabilidade do ecossistema. Antecipar e corrigir erros comuns acelera a curva de aprendizado e previne paradas inesperadas.

Adotar boas práticas desde o início consolida uma base sólida para treinamentos, experimentos e produção. A maturidade técnica demonstrada na configuração do ambiente reflete diretamente na confiabilidade dos resultados obtidos com o LightGBM, posicionando o profissional como agente técnico de alto valor no contexto analítico.

CAPÍTULO 3. CONCEITOS FUNDAMENTAIS

O domínio dos conceitos fundamentais é indispensável para qualquer profissional que deseja utilizar o LightGBM de forma eficiente e consciente. Entender os princípios de boosting, bagging e overfitting, a lógica por trás das árvores de decisão no LightGBM, a estrutura de dados que sustenta a biblioteca e as métricas de avaliação suportadas não apenas melhora a qualidade do trabalho, mas também capacita o usuário a tomar decisões estratégicas, antecipar problemas e otimizar resultados.

Boosting, Bagging e Overfitting

O boosting e o bagging são dois métodos essenciais de ensemble learning, que consistem em combinar múltiplos modelos fracos para criar um modelo mais forte e robusto. Enquanto o bagging (bootstrap aggregating) trabalha com o princípio de reduzir variância através da criação de subconjuntos de dados treinados em paralelo, o boosting opera de forma sequencial, corrigindo erros cometidos pelos modelos anteriores.

No boosting, cada novo modelo é treinado para focar nos exemplos mal classificados pelo conjunto anterior, reduzindo progressivamente o erro. Esse refinamento contínuo transforma modelos simples, como árvores de decisão rasas, em preditores altamente eficazes. O LightGBM é baseado no conceito de gradient boosting, onde a otimização ocorre no espaço do gradiente, acelerando o processo e permitindo lidar com grandes volumes de dados.

Por outro lado, o overfitting é um problema clássico e crítico. Ele ocorre quando o modelo se ajusta tão bem aos dados de treino que perde capacidade de generalização, apresentando desempenho inferior em dados não vistos. O LightGBM oferece uma série de ferramentas para mitigar overfitting, incluindo regularização L1 e L2, ajuste do número máximo de folhas e o uso de early stopping para interromper o treinamento antes que o modelo comece a memorizar ruído.

Árvores de Decisão no Contexto do LightGBM

No coração do LightGBM estão as árvores de decisão. Essas estruturas dividem o espaço de entrada em regiões, baseando-se em perguntas binárias simples sobre as variáveis disponíveis. Cada nó interno da árvore representa uma condição de decisão, e cada folha representa um valor final ou classe prevista.

O LightGBM utiliza um algoritmo exclusivo de crescimento chamado leaf-wise (crescimento orientado por folhas), que seleciona a folha com maior ganho de informação para divisão. Esse método proporciona uma redução de erro mais rápida em comparação ao crescimento level-wise, que expande todos os nós de um nível antes de passar ao próximo. Embora o leaf-wise seja mais agressivo e eficiente, ele também exige mecanismos de controle para evitar overfitting, como limitar a profundidade máxima da árvore ou o número máximo de folhas.

O aprendizado em árvores no LightGBM é impulsionado pelo uso de histogramas. Ao agrupar valores contínuos em bins, a biblioteca consegue acelerar a busca por divisões ótimas, reduzindo uso de memória e tempo de computação, sem sacrificar performance.

Estrutura de Dados: Dataset, Booster

O LightGBM organiza seu funcionamento em duas estruturas principais: o Dataset e o Booster.

O Dataset é a classe responsável por armazenar os dados

de entrada e preparar os histogramas necessários para o treinamento. Ele representa não apenas os valores das features, mas também metadados, como pesos das observações e marcadores de dados categóricos. O pré-processamento no Dataset garante que o treinamento posterior ocorra de forma otimizada, mesmo em datasets extensos.

O Booster, por sua vez, é a entidade central que conduz o processo de treinamento. Ele mantém o estado atual do modelo e incorpora cada árvore gerada no ensemble final. É no Booster que são aplicadas as configurações de hiperparâmetros, regularização, avaliação intermediária e interrupção antecipada. Além disso, ele oferece métodos para prever novos dados, calcular importâncias de features e salvar ou carregar modelos treinados.

Métricas Suportadas

A avaliação do desempenho de um modelo depende diretamente das métricas utilizadas. O LightGBM oferece suporte a uma variedade extensa de métricas, tanto para problemas de regressão quanto de classificação e ranking.

Em problemas de classificação binária, destacam-se métricas como log loss, AUC (Area Under the Curve), accuracy, precision, recall e F1 score. Para classificação multiclasse, incluem-se multiclass error e multiclass log loss.

Em regressão, as métricas mais comuns são mean squared error (MSE), root mean squared error (RMSE), mean absolute error (MAE) e R^2. Essas métricas permitem quantificar o erro médio das previsões e entender a proporção da variabilidade explicada pelo modelo.

No contexto de ranking, são utilizadas métricas específicas como NDCG (Normalized Discounted Cumulative Gain) e MAP (Mean Average Precision), que avaliam a qualidade das ordenações geradas pelo modelo em tarefas como recomendações e pesquisas.

A escolha correta da métrica é essencial para alinhar o modelo aos objetivos do projeto e garantir interpretações precisas dos resultados.

Resolução de Erros Comuns

Erro: "ValueError: Input contains NaN, infinity or a value too large"
Solução: Verifique a limpeza dos dados antes do treinamento. O LightGBM não lida automaticamente com valores ausentes ou infinitos. Utilize métodos como imputação ou remoção de registros problemáticos.

Erro: "Check failed: num_leaves > 1"
Solução: Ajuste o hiperparâmetro num_leaves para um valor maior que 1. Um número excessivamente baixo restringe a capacidade da árvore de capturar padrões relevantes.

Erro: "Cannot construct Dataset"
Solução: Confirme se as entradas fornecidas ao Dataset têm formato consistente, sem mistura de tipos numéricos e categóricos não tratados. Use lgb.Dataset corretamente e verifique dimensões e formatos.

Erro: "Metric does not exist"
Solução: Certifique-se de que a métrica especificada no parâmetro metric seja suportada pela tarefa definida (objective). Consulte a lista oficial de métricas no repositório do LightGBM.

Erro: Modelo com desempenho baixo em dados de teste
Solução: Avalie a presença de overfitting. Utilize validação cruzada, ajuste de regularização e implemente early stopping para melhorar a generalização.

Boas Práticas

- Utilize validação cruzada (cross-validation) para avaliar a estabilidade do modelo e evitar conclusões precipitadas com base em uma única divisão treino/teste.

- Ajuste o número de folhas (num_leaves) e a profundidade máxima (max_depth) para equilibrar precisão e capacidade de generalização.

- Ative early stopping durante o treinamento para interromper o processo automaticamente caso o desempenho em validação estacione.

- Analise a importância das features para identificar variáveis irrelevantes ou altamente correlacionadas, promovendo uma redução de dimensionalidade informada.

- Teste diferentes métricas durante o desenvolvimento para entender o impacto em diferentes aspectos do modelo, como precisão global e capacidade de ranqueamento.

- Documente as configurações utilizadas, incluindo sementes aleatórias (seed), para garantir reprodutibilidade dos experimentos.

Resumo Estratégico

O conhecimento dos conceitos fundamentais abordados aqui forma a espinha dorsal de um trabalho eficaz com LightGBM. Entender como o boosting e o bagging moldam modelos mais robustos, como o overfitting ameaça sua performance, e como as árvores de decisão operam no contexto da biblioteca são conhecimentos indispensáveis para qualquer cientista de dados ou engenheiro de machine learning.

Compreender as estruturas de dados Dataset e Booster permite interagir de forma eficiente com a API, ajustando os hiperparâmetros e otimizando os resultados. A escolha e a interpretação das métricas de avaliação transformam números em insights estratégicos, conectando o modelo aos objetivos reais do projeto.

A antecipação e resolução de erros comuns economizam tempo e aumentam a robustez do pipeline. Incorporar boas práticas fortalece a base técnica e eleva a qualidade das entregas, posicionando o profissional como referência em projetos baseados em machine learning. Ao internalizar esses fundamentos, abre-se o caminho para avançar com segurança para tópicos mais complexos, extraindo o máximo potencial do LightGBM em diferentes frentes de aplicação.

CAPÍTULO 4. PRIMEIRO MODELO COM LIGHTGBM

O primeiro modelo com LightGBM representa a passagem da teoria à prática, conectando dados brutos ao poder preditivo da biblioteca. Tal processo exige atenção detalhada desde a preparação do dataset, passando pelo treinamento e validação do modelo, até a avaliação rigorosa do desempenho e a correta interpretação dos resultados. Cada uma dessas etapas cumpre um papel estratégico para garantir que o modelo seja funcional, confiável e alinhado aos objetivos do projeto.

Explorar com profundidade esse fluxo de trabalho não apenas habilita o profissional a operar o LightGBM com segurança, mas também oferece uma visão clara de como transformar dados em soluções acionáveis.

Preparação do Dataset

A preparação adequada do dataset é um fator crítico para o sucesso de qualquer projeto de machine learning. O LightGBM espera que os dados estejam organizados de forma eficiente, consistindo em colunas numéricas e categóricas bem definidas, além de rótulos para tarefas supervisionadas.

O primeiro passo é realizar a limpeza dos dados. Isso inclui a remoção de registros duplicados, tratamento de valores ausentes (NaNs) e substituição ou eliminação de outliers que possam distorcer as análises. Em muitos casos, a imputação de valores ausentes com a média, mediana ou valores específicos para variáveis categóricas é suficiente para resolver problemas iniciais.

Em seguida, é necessário realizar a separação entre conjunto de treino, validação e teste. Uma prática recomendada é reservar cerca de 70% dos dados para treino, 15% para validação e 15% para teste, garantindo que todos os subconjuntos sejam representativos da população total.

Além disso, para o LightGBM, é possível marcar variáveis categóricas diretamente no Dataset, evitando a necessidade de one-hot encoding, o que reduz o número de colunas e aumenta a eficiência do modelo.

Treinamento e Validação

O processo de treinamento envolve ajustar os parâmetros do modelo para que ele aprenda padrões relevantes presentes nos dados. No LightGBM, o objeto Dataset é preparado com os dados de treino e, se desejado, com os dados de validação para monitoramento de métricas durante o treinamento.

A configuração do treinamento é feita por meio do objeto Booster ou da função train, onde são definidos parâmetros como objective (classificação, regressão ou ranking), metric, num_leaves, learning_rate e num_iterations. O parâmetro early_stopping_rounds também pode ser ativado para interromper o treinamento caso não haja melhora no desempenho após um número pré-definido de iterações.

O uso do conjunto de validação durante o treinamento permite acompanhar o comportamento do modelo em dados não vistos e prevenir overfitting. Esse acompanhamento constante das métricas em validação garante que o modelo seja não apenas preciso no treino, mas também generalizável.

Avaliação de Desempenho

Avaliar o desempenho do modelo é indispensável para entender sua qualidade preditiva. O LightGBM oferece suporte a múltiplas métricas, e a escolha correta depende diretamente do tipo de problema abordado.

Em classificação binária, AUC, log loss, accuracy, precision e recall são métricas comuns. Em regressão, RMSE, MAE e R^2 são frequentemente utilizados. Para ranking, métricas como NDCG e MAP permitem avaliar a ordenação gerada pelo modelo.

A avaliação deve ser feita não apenas no conjunto de treino, mas principalmente no conjunto de teste, para verificar a capacidade de generalização. É recomendável traçar gráficos de curvas ROC e Precision-Recall, além de plotar a matriz de confusão para tarefas de classificação.

Métricas numéricas devem ser interpretadas à luz do contexto de negócio, garantindo que o modelo atenda não apenas a critérios estatísticos, mas também a objetivos práticos, como redução de custos, aumento de receita ou melhoria na experiência do usuário.

Interpretação de Resultados

Interpretar os resultados de um modelo LightGBM vai além de olhar apenas para métricas. É fundamental compreender quais variáveis foram mais importantes para as previsões e como elas influenciaram as decisões do modelo.

O método feature_importance do LightGBM permite identificar as variáveis que mais contribuíram para a redução do erro durante o treinamento. Além disso, ferramentas externas como SHAP e Partial Dependence Plots ajudam a entender os impactos individuais e globais das variáveis no comportamento do modelo.

A análise cuidadosa da interpretação evita conclusões apressadas, identifica possíveis vieses e fornece insights valiosos para as áreas de negócio. Em muitos projetos, é nessa etapa que surgem descobertas que impactam diretamente a estratégia da organização.

Resolução de Erros Comuns

Erro: "ValueError: feature_names mismatch"

Solução: Certifique-se de que as colunas utilizadas no treino e no teste possuem os mesmos nomes e ordem. Ajuste os DataFrames ou utilize .reindex para alinhar as colunas.

Erro: "Early stopping requires at least one validation dataset"
Solução: Adicione um conjunto de validação ao treinamento e defina o parâmetro valid_sets corretamente na função train.

Erro: "Categorical feature should be int type"
Solução: Converta as colunas categóricas para tipo inteiro (int) antes de passá-las para o LightGBM, usando métodos como .astype('int').

Erro: Desempenho inconsistente entre treino e teste
Solução: Revise o processo de separação dos dados. Certifique-se de que não houve vazamento de informações entre treino e teste e ajuste hiperparâmetros para melhorar a generalização.

Erro: "num_leaves too large"
Solução: Reduza o valor de num_leaves para evitar árvores excessivamente complexas, que podem levar a sobreajuste.

Boas Práticas

- Faça análise exploratória completa antes de preparar os dados, identificando padrões, outliers e relações relevantes.

- Utilize métodos robustos de separação treino/teste, como train_test_split com stratify para classificação, garantindo representatividade.

- Teste diferentes combinações de hiperparâmetros e registre os resultados em um sistema de tracking para comparação.

- Priorize a simplicidade no início do projeto; modelos mais complexos podem ser construídos progressivamente.

- Acompanhe as métricas durante o treinamento em

validação, ajustando o modelo com base em dados reais e não apenas em métricas de treino.

- Documente todos os passos, desde a preparação dos dados até a escolha das métricas e os motivos das decisões tomadas.

Resumo Estratégico

A construção do primeiro modelo com LightGBM marca um momento crucial na aplicação prática de machine learning. A preparação cuidadosa dos dados, o treinamento estruturado com monitoramento ativo e a avaliação rigorosa fornecem as bases para gerar previsões precisas e confiáveis.

A interpretação estratégica dos resultados conecta o trabalho técnico aos objetivos do negócio, garantindo que os insights extraídos tenham aplicabilidade real. Resolver erros comuns com agilidade e adotar boas práticas fortalece a eficiência e a qualidade do pipeline, preparando o profissional para desafios mais complexos.

Compreender esse fluxo de trabalho transforma o LightGBM de uma simples biblioteca em uma ferramenta poderosa para criar valor, abrir oportunidades e gerar impacto significativo nas organizações.

CAPÍTULO 5. CONFIGURAÇÃO DE HIPERPARÂMETROS

A configuração de hiperparâmetros no LightGBM desempenha um papel fundamental na construção de modelos eficientes, precisos e robustos. Saber como ajustar esses parâmetros significa ter controle sobre o comportamento do modelo, sua capacidade de aprendizado, sua velocidade de treinamento e, principalmente, sua habilidade de generalização em dados não vistos. Sem um ajuste apropriado, mesmo os algoritmos mais sofisticados perdem sua potência, resultando em modelos subótimos, seja por baixo desempenho ou por overfitting.

Explorar o universo de hiperparâmetros do LightGBM oferece ao profissional de ciência de dados e engenharia de machine learning uma vantagem estratégica na resolução de problemas complexos. Compreender as nuances desses ajustes e os caminhos para otimizá-los manualmente ou de forma automática é essencial para atingir resultados de excelência.

Principais Hiperparâmetros

Os hiperparâmetros do LightGBM podem ser classificados em três grandes grupos: aqueles que controlam a complexidade do modelo, os que ajustam a regularização e os que impactam a eficiência computacional.

O parâmetro num_leaves define o número máximo de folhas por árvore. Ele controla diretamente a complexidade do modelo, influenciando a capacidade da árvore de capturar padrões nos dados. Valores elevados permitem maior detalhamento, mas aumentam o risco de overfitting.

O max_depth estabelece a profundidade máxima das árvores, funcionando como um limitador para conter o crescimento descontrolado que o método leaf-wise pode causar. Utilizar max_depth em conjunto com num_leaves proporciona um mecanismo eficiente para balancear precisão e generalização.

O learning_rate representa o tamanho do passo que o modelo dá a cada iteração. Um valor alto acelera o treinamento, mas pode comprometer a estabilidade; um valor baixo promove aprendizado gradual e consistente, ao custo de maior número de iterações. Em projetos robustos, é comum trabalhar com valores entre 0,01 e 0,1, ajustando conforme a evolução do desempenho.

Os hiperparâmetros de regularização, como lambda_l1 e lambda_l2, ajudam a conter o sobreajuste penalizando os pesos excessivos atribuídos a determinadas divisões nas árvores. Esses elementos funcionam como freios internos, garantindo que o modelo não memorize os dados de treino em excesso.

Para otimizar a eficiência computacional, parâmetros como bagging_fraction e feature_fraction tornam-se essenciais. O primeiro controla a fração de dados amostrados para cada árvore, enquanto o segundo define a proporção de features consideradas em cada divisão. Esses ajustes reduzem a variância, melhoram a generalização e aceleram o treinamento.

Efeitos Práticos no Modelo

Os impactos da configuração dos hiperparâmetros no modelo vão além do simples ajuste de performance. O num_leaves, por exemplo, aumenta a expressividade do modelo ao permitir árvores mais complexas, mas sem uma regularização adequada, o ganho de precisão no treino não se traduz em qualidade nos dados de teste.

O learning_rate tem um efeito marcante no tempo de treinamento e na estabilidade. Uma taxa elevada pode conduzir a oscilações imprevisíveis no erro, enquanto uma taxa baixa aumenta a robustez ao custo de maior tempo de processamento.

É comum que profissionais combinem uma taxa de aprendizado baixa com um número elevado de iterações (num_iterations), assegurando aprendizado consistente sem picos abruptos.

Os hiperparâmetros de regularização agem como guardiões do modelo, promovendo equilíbrio entre fidelidade e flexibilidade. O lambda_l1 gera sparsity nos pesos, reduzindo a influência de features menos relevantes. Já o lambda_l2 distribui as penalizações de forma mais suave, evitando oscilações extremas. Ajustar esses elementos é crucial para lidar com datasets ruidosos.

Por fim, o ajuste dos parâmetros de eficiência, como bagging_fraction, tem efeito direto na aleatoriedade introduzida no treinamento. Essa aleatoriedade é benéfica para quebrar padrões espúrios e garantir maior robustez, além de permitir que o modelo funcione bem mesmo em condições de limitação de memória.

Otimização Manual vs. Automática

O ajuste manual de hiperparâmetros é uma prática fundamental para quem deseja desenvolver uma intuição sólida sobre o comportamento do modelo. Essa abordagem envolve testar sistematicamente diferentes combinações de valores, observando os impactos nas métricas de desempenho. Embora trabalhoso, o ajuste manual proporciona aprendizado profundo, permitindo que o profissional compreenda como cada parâmetro afeta o resultado final.

Por outro lado, a otimização automática emerge como solução estratégica em projetos de larga escala ou quando há múltiplos hiperparâmetros a serem ajustados. Ferramentas como Optuna, Hyperopt e a própria API do LightGBM com cv e early_stopping_rounds permitem configurar pipelines automáticos de busca por hiperparâmetros ideais, utilizando algoritmos como bayesian optimization, tree-structured Parzen estimators ou random search.

A escolha entre ajuste manual e automático depende da complexidade do problema, do prazo disponível e da experiência da equipe. Em muitos casos, a estratégia mais eficiente combina ambos os métodos: inicia-se com ajustes manuais para delimitar a faixa de busca e refina-se os resultados com algoritmos automáticos.

Grid Search e Random Search

Grid search e random search são as duas abordagens clássicas para otimização de hiperparâmetros, cada uma com suas vantagens e limitações.

O grid search consiste em definir uma grade fixa de combinações possíveis de hiperparâmetros e testar exaustivamente cada uma delas. Embora garantido em termos de cobertura, o grid search é intensivo em tempo e recursos, tornando-se impraticável quando há muitas variáveis em jogo.

O random search, por outro lado, sorteia combinações aleatórias de hiperparâmetros dentro de um intervalo pré-estabelecido. Essa abordagem, além de ser mais rápida, tem a vantagem de explorar regiões inesperadas do espaço de busca, muitas vezes encontrando soluções surpreendentemente boas sem a necessidade de testar todas as combinações possíveis.

Em cenários práticos, o random search tende a ser mais eficiente que o grid search, especialmente quando se utiliza em conjunto com validação cruzada (cross-validation) e interrupção antecipada (early stopping). Para tarefas críticas, utilizar random search como ponto de partida e refinar posteriormente com algoritmos mais sofisticados, como bayesian optimization, oferece um equilíbrio entre exploração e precisão.

Resolução de Erros Comuns

Erro: "Parameter num_leaves too large"
Solução: Reduza o valor de num_leaves e ajuste o max_depth para evitar árvores excessivamente complexas que possam

causar overfitting ou lentidão no treinamento.

Erro: "Learning rate too high, model diverges"
Solução: Reduza o learning_rate para valores mais conservadores, como 0,05 ou 0,01, garantindo que o modelo aprenda de forma gradual e estável.

Erro: "Overfitting detected despite regularization"
Solução: Aumente os valores de lambda_l1 e lambda_l2, utilize bagging_fraction para introduzir aleatoriedade e ative early_stopping_rounds para monitorar o desempenho em validação.

Erro: "Grid search computationally intensive"
Solução: Adote o random search ou algoritmos bayesianos para reduzir o número de combinações testadas e otimizar o uso de recursos.

Erro: "Model underfits, low training score"
Solução: Eleve o número de iterações, aumente o num_leaves e reduza a regularização excessiva, garantindo que o modelo tenha capacidade de aprender padrões relevantes.

Boas práticas

- Comece sempre com um modelo simples e ajuste progressivamente, monitorando o impacto de cada hiperparâmetro nas métricas.

- Combine learning_rate baixo com número elevado de iterações, maximizando estabilidade e precisão.

- Utilize validação cruzada para avaliar a robustez das combinações de hiperparâmetros e evitar conclusões precipitadas.

- Aplique early_stopping_rounds para interromper treinamentos longos quando não houver ganhos em validação.

- Explore random search para cenários iniciais e, posteriormente, refine os resultados com algoritmos automáticos.

- Documente todos os experimentos realizados, incluindo combinações testadas, métricas obtidas e interpretações geradas.

- Adote ferramentas como Optuna para explorar algoritmos avançados de otimização, reduzindo o esforço manual.

Resumo Estratégico

A configuração de hiperparâmetros transforma o LightGBM de uma ferramenta genérica em uma máquina de previsão personalizada para os desafios específicos do projeto. Entender como os principais parâmetros afetam a complexidade, a regularização e a eficiência computacional do modelo permite desenvolver soluções mais precisas, robustas e alinhadas ao contexto de negócio.

Ao equilibrar ajuste manual e otimização automática, e ao escolher cuidadosamente entre estratégias como grid search e random search, o profissional ganha velocidade, profundidade e flexibilidade no processo de desenvolvimento. Resolver erros comuns com agilidade e adotar boas práticas reforça a confiabilidade e o impacto do trabalho, preparando o terreno para projetos cada vez mais desafiadores.

CAPÍTULO 6. TRABALHANDO COM DADOS DESBALANCEADOS

Ao trabalhar com modelos de machine learning no mundo real, uma das situações mais comuns e desafiadoras é lidar com dados desbalanceados. Esse fenômeno ocorre quando a distribuição das classes no conjunto de dados é desigual, ou seja, quando uma classe aparece muito mais do que outra. Imagine, por exemplo, um conjunto de dados com 10.000 transações bancárias, onde apenas 50 são fraudulentas. Um modelo que simplesmente classifique todas as transações como não fraudulentas teria 99,5% de acurácia — e, ainda assim, seria completamente inútil, pois não identificaria nenhuma fraude.

O objetivo deste capítulo é não apenas explicar o conceito, mas ensinar, de maneira prática e aplicada, como identificar, corrigir e monitorar dados desbalanceados no LightGBM. A seguir, serão apresentados conceitos essenciais, códigos de exemplo e boas práticas que ajudam a transformar um problema desafiador em uma oportunidade de alcançar modelos mais robustos e inteligentes.

Detecção de Desbalanceamento

A detecção de desbalanceamento começa com uma análise exploratória simples, mas poderosa. Em Python, utilizando Pandas, é possível contar as ocorrências de cada classe com poucas linhas:

python

```
import pandas as pd
```

```
# Exemplo de dataset fictício
df = pd.DataFrame({
    'target': [0, 0, 0, 0, 1, 0, 1, 0, 0, 1]
})
```

```
# Contagem das classes
print(df['target'].value_counts())
```

O código retornará a frequência de cada classe. Se houver grande disparidade entre elas, o alerta para desbalanceamento deve ser acionado. Além de contar, é importante visualizar. Utilizar gráficos como countplot do Seaborn ou barplot do Matplotlib ajuda a entender visualmente o desequilíbrio, reforçando a percepção do problema.

Outra etapa relevante é avaliar a performance inicial de um modelo sem qualquer correção de balanceamento. Se o modelo exibe acurácia alta, mas desempenho praticamente nulo na classe minoritária (por exemplo, recall = 0), é um forte indicativo de que o desbalanceamento está prejudicando a capacidade de generalização.

Ajuste de Weights

O LightGBM oferece uma maneira direta e eficiente de corrigir desbalanceamentos por meio do parâmetro scale_pos_weight. Esse parâmetro ajusta o peso relativo da classe positiva (em classificação binária), permitindo que o modelo "preste mais atenção" à classe menos frequente.

A fórmula prática para calcular o valor inicial do scale_pos_weight é simples:

ini
scale_pos_weight = número de exemplos negativos / número de exemplos positivos

Por exemplo, em um dataset com 9.000 exemplos da classe 0 e 1.000 exemplos da classe 1:

python
scale_pos_weight = 9000 / 1000 = 9

No código do LightGBM:

python

```
import lightgbm as lgb

params = {
    'objective': 'binary',
    'metric': 'auc',
    'scale_pos_weight': 9,
    'learning_rate': 0.1,
    'num_leaves': 31
}

train_data = lgb.Dataset(X_train, label=y_train)
valid_data = lgb.Dataset(X_valid, label=y_valid)

model = lgb.train(params, train_data, valid_sets=[valid_data],
```

```
num_boost_round=100, early_stopping_rounds=10)
```

Além do scale_pos_weight, é possível fornecer pesos diretamente às instâncias com o parâmetro weight no objeto Dataset do LightGBM. Isso permite ajustes ainda mais finos, como ponderar de maneira diferente dentro das classes, se necessário.

Utilizando de AUC e Outras Métricas Apropriadas

A escolha das métricas é fundamental para avaliar modelos treinados em conjuntos desbalanceados. A acurácia por si só raramente é útil, porque favorece a classe majoritária. Por isso, métricas como AUC (Area Under the Curve), F1-score, precision, recall e balanced accuracy devem ser priorizadas.

O AUC mede a capacidade do modelo de distinguir entre classes, independentemente do threshold escolhido. O F1-score combina precisão e recall em uma média harmônica, sendo útil quando há preocupação com ambos os tipos de erro (falsos positivos e falsos negativos).

Um exemplo prático de cálculo de métricas:

python

```python
from sklearn.metrics import roc_auc_score, f1_score,
precision_score, recall_score


y_pred = model.predict(X_test)
y_pred_binary = (y_pred > 0.5).astype(int)


auc = roc_auc_score(y_test, y_pred)
f1 = f1_score(y_test, y_pred_binary)
precision = precision_score(y_test, y_pred_binary)
```

```
recall = recall_score(y_test, y_pred_binary)
```

```
print(f"AUC: {auc}, F1-score: {f1}, Precision: {precision}, Recall: {recall}")
```

O conjunto de métricas permite uma avaliação holística do desempenho, garantindo que o modelo não apenas acerte "muito", mas acerte "bem" onde realmente importa.

Casos Práticos em Classificação

Em um projeto real de detecção de churn em telecomunicações, o desbalanceamento típico ocorre porque a maioria dos clientes não cancela o serviço, e apenas uma minoria o faz. Sem tratamento, o modelo tende a prever que todos ficarão na base, com alta acurácia, mas sem valor prático.

O uso do scale_pos_weight junto com o monitoramento das métricas certas permite construir um modelo que realmente identifica clientes propensos a sair. O processo prático envolve:

1. Calcular o peso adequado (scale_pos_weight).

2. Ajustar os hiperparâmetros, como num_leaves e min_child_samples, para garantir estabilidade.

3. Validar o modelo com AUC, F1-score e recall.

4. Realizar análise de importância de features para entender quais variáveis influenciam a saída.

Outro exemplo vem da área financeira, onde modelos de detecção de transações fraudulentas precisam lidar com bases massivamente desbalanceadas. O LightGBM, com ajuste de pesos e métricas adequadas, é capaz de identificar padrões complexos, como séries temporais ou combinações de comportamento incomuns, entregando resultados valiosos para bancos e processadoras de pagamento.

Resolução de Erros Comuns

Erro: "Predictions biased towards majority class"
Solução: Ajustar o scale_pos_weight e monitorar métricas como recall da classe minoritária e AUC.

Erro: "Precision high but recall low on minority class"
Solução: Realizar tuning fino do threshold de decisão (default = 0.5) e otimizar hiperparâmetros como num_leaves e min_child_samples.

Erro: "Instability in validation metrics"
Solução: Utilizar validação cruzada estratificada (StratifiedKFold) para manter a distribuição das classes em cada partição.

Erro: "Model overcompensates after weight adjustment"
Solução: Reduzir gradualmente o valor de scale_pos_weight e monitorar o balanceamento das métricas de precisão e recall.

Boas Práticas

- Sempre comece analisando a distribuição das classes antes de qualquer modelagem.

- Utilize o scale_pos_weight como ajuste inicial, mas considere combinar com reamostragem (oversampling ou undersampling) em bases muito severamente desbalanceadas.

- Avalie múltiplas métricas, priorizando AUC, F1-score e recall, e evite decisões baseadas unicamente em acurácia.

- Realize tuning cuidadoso de hiperparâmetros e thresholds para alcançar equilíbrio entre precisão e sensibilidade.

- Documente cada iteração de ajuste, registrando métricas, pesos aplicados e insights extraídos.

- Em deploys produtivos, monitore a mudança na distribuição de classes ao longo do tempo e ajuste o modelo conforme necessário.

Resumo Estratégico

Trabalhar com dados desbalanceados exige mais do que aplicar algoritmos poderosos; requer sensibilidade para reconhecer o problema, habilidade para ajustar pesos e métricas e disciplina para validar e monitorar os resultados. O LightGBM oferece ferramentas precisas para lidar com essa realidade, tornando-se um aliado indispensável em problemas críticos como churn, fraude, detecção de doenças e segurança digital.

A integração das práticas apresentadas assegura que o modelo não apenas funcione bem no papel, mas tenha impacto real em produção, contribuindo para decisões melhores, mais justas e mais eficazes. Aprender a trabalhar com desbalanceamento não é apenas um detalhe técnico — é uma das competências centrais que distingue um profissional competente em machine learning de um verdadeiro especialista.

CAPÍTULO 7. AJUSTE FINO DE MODELOS

O ajuste fino de modelos no LightGBM é uma etapa essencial para transformar bons modelos em soluções de excelência. Trata-se de um processo detalhado e cuidadoso em que cada elemento do treinamento é calibrado para alcançar o melhor equilíbrio possível entre desempenho, generalização e eficiência. Não basta apenas configurar hiperparâmetros iniciais: o verdadeiro poder está em entender como eles interagem e afetam o modelo, garantindo que ele seja preciso, estável e eficiente em produção.

No LightGBM, o ajuste fino envolve práticas como early stopping, regularização L1 e L2, escolha do número ideal de folhas (leaves) e monitoramento do impacto no tempo de treinamento. Quando bem executado, esse processo não apenas melhora métricas, mas também reduz o risco de overfitting e acelera pipelines de machine learning, trazendo benefícios técnicos e de negócio.

Early Stopping

O early stopping é uma técnica poderosa para interromper o treinamento do modelo quando ele deixa de apresentar melhorias significativas em um conjunto de validação. Em outras palavras, ele evita que o modelo "aprenda demais" sobre o dataset de treino a ponto de perder sua capacidade de generalização.

No LightGBM, o early stopping pode ser ativado diretamente durante o treinamento com o argumento early_stopping_rounds. Por exemplo:

python

```
import lightgbm as lgb

params = {
    'objective': 'binary',
    'metric': 'auc',
    'learning_rate': 0.05,
    'num_leaves': 31
}

train_data = lgb.Dataset(X_train, label=y_train)
valid_data = lgb.Dataset(X_valid, label=y_valid)

model = lgb.train(
    params,
    train_data,
    num_boost_round=1000,
    valid_sets=[valid_data],
    early_stopping_rounds=50
)
```

Nesse caso, o modelo será treinado com até 1.000 rounds, mas será interrompido se, durante 50 iterações consecutivas, não houver melhoria no AUC do conjunto de validação. Essa técnica economiza tempo de treinamento, reduz o risco de overfitting e torna o processo mais eficiente.

Regularização (L1, L2)

A regularização é um pilar fundamental do ajuste fino, pois ajuda a controlar a complexidade do modelo. O LightGBM oferece regularização L1 e L2 por meio dos parâmetros lambda_l1 e lambda_l2.

A regularização L1 (lambda_l1) atua promovendo sparsity, ou seja, reduzindo os pesos de muitas features a zero. Isso pode ser útil em cenários de alta dimensionalidade, onde há muitas variáveis irrelevantes.

A regularização L2 (lambda_l2) distribui penalizações suavemente entre os pesos, reduzindo a sensibilidade do modelo a flutuações nos dados. Em termos práticos, ajuda a suavizar as previsões e evita oscilações extremas.

Um exemplo de configuração:

python

```python
params = {
    'objective': 'binary',
    'metric': 'auc',
    'lambda_l1': 0.1,
    'lambda_l2': 0.2,
    'learning_rate': 0.05,
    'num_leaves': 31
}
```

O ideal é começar com valores baixos (por exemplo, 0.1) e ajustá-los gradualmente com base no desempenho observado, sempre validando as mudanças com métricas apropriadas.

Número Ideal de Leaves

O número de folhas (num_leaves) define a complexidade máxima de cada árvore no LightGBM. Esse é um dos hiperparâmetros mais influentes, pois controla quantos padrões e interações o modelo pode capturar.

Um número muito baixo de folhas leva a modelos simples, que não conseguem capturar nuances importantes. Por outro lado, um número muito alto aumenta o risco de overfitting, principalmente em datasets pequenos ou ruidosos.

A escolha do número ideal de folhas exige experimentação. Como referência, valores entre 20 e 50 costumam funcionar bem para muitos problemas, mas datasets maiores podem demandar centenas de folhas. Um bom ponto de partida é usar:

scss

num_leaves ≈ 2^(max_depth)

Por exemplo, para max_depth = 5, o valor inicial de num_leaves seria cerca de 32.

Impacto no Tempo de Treinamento

O ajuste fino tem impacto direto no tempo de treinamento. Parâmetros como num_leaves, num_iterations, max_depth e learning_rate estão todos interligados e afetam a duração total do processo.

Reduzir num_leaves simplifica cada árvore, diminuindo o tempo necessário para construí-la. Da mesma forma, aumentar learning_rate permite diminuir o número de iterações (num_iterations), acelerando o treinamento. Contudo, ajustes agressivos podem comprometer a qualidade do modelo.

Outro ponto relevante é o uso do feature_fraction e bagging_fraction, que limitam a fração de variáveis e amostras utilizadas em cada árvore. Esses parâmetros não apenas melhoram a generalização, mas também reduzem o tempo computacional, especialmente em datasets muito grandes.

Resolução de Erros Comuns

Erro: "Overfitting despite early stopping"
Solução: Aumente os valores de lambda_l1 e lambda_l2, ajuste num_leaves para limitar a complexidade e valide com cross-validation estratificada.

Erro: "Training too slow with many leaves"
Solução: Reduza num_leaves e combine com max_depth e min_data_in_leaf para controlar a complexidade sem comprometer performance.

Erro: "Model stops improving too early"
Solução: Reduza o valor de early_stopping_rounds ou aumente o tamanho do conjunto de validação para fornecer informações mais ricas ao processo.

Erro: "Instabilidade nos resultados entre execuções"
Solução: Defina o parâmetro seed para garantir reprodutibilidade e utilize validação cruzada.

Erro: "Validation metric fluctuates strongly"
Solução: Reduza learning_rate, ajuste regularização e aumente o tamanho do conjunto de validação.

Boas Práticas

- Inicie ajustes com early_stopping_rounds ativado, economizando tempo e evitando overfitting.

- Use lambda_l1 e lambda_l2 em combinação moderada para melhorar a robustez do modelo.

- Ajuste num_leaves com base no tamanho e complexidade do dataset, evitando excessos.

- Balanceie learning_rate e num_iterations para obter aprendizado gradual e estável.

- Teste configurações com validação cruzada para garantir robustez e reduzir variações por partição.

- Documente todas as combinações testadas, métricas obtidas e insights extraídos do processo.

- Em pipelines automáticos, utilize frameworks como Optuna para explorar o espaço de hiperparâmetros de forma eficiente.

Resumo Estratégico

O ajuste fino de modelos com LightGBM não é apenas uma etapa de polimento: é o momento em que um modelo básico evolui para uma solução poderosa e pronta para produção. Aplicar corretamente técnicas como early stopping, regularização L1 e L2, ajuste de folhas e controle de tempo de treinamento permite obter modelos que equilibram precisão, eficiência e capacidade de generalização.

Conhecer tecnicamente esse processo amplia o repertório técnico e posiciona o profissional como um especialista capaz de transformar dados em soluções de alto impacto. Com prática, atenção a detalhes e aplicação rigorosa de boas práticas, o ajuste fino se torna não apenas uma ferramenta técnica, mas um diferencial estratégico para projetos de machine learning em qualquer setor.

CAPÍTULO 8. IMPORTÂNCIA DAS FEATURES

Compreender a importância das features em um modelo treinado com LightGBM é um dos passos mais valiosos no ciclo completo de aprendizado de máquina. Saber quais variáveis impactam mais fortemente o resultado final oferece vantagens técnicas e estratégicas. Tecnicamente, permite interpretar, ajustar e melhorar o modelo. Estrategicamente, entrega insights concretos sobre o problema que está sendo modelado, alimentando decisões operacionais, comerciais e gerenciais.

O LightGBM fornece suporte nativo à medição da importância das features, permitindo extrair e visualizar quais variáveis o modelo considerou mais relevantes para reduzir o erro ao longo das árvores. Essa análise serve tanto para diagnóstico quanto para otimização, além de ser um recurso essencial em contextos regulatórios, onde é necessário justificar a lógica por trás de decisões automatizadas.

Métodos para Medir Importância

O LightGBM disponibiliza diferentes abordagens para mensurar a importância das features após o treinamento de um modelo. As duas mais utilizadas são o split count e o gain.

O split count mede quantas vezes uma variável foi usada para dividir os nós das árvores. Quanto mais vezes uma variável é escolhida para uma divisão, maior é a sua importância sob essa ótica. Este método é simples, direto e fornece uma visão quantitativa da utilização da variável ao longo do modelo.

O gain (ou ganho de informação) mede o quanto cada divisão que utilizou a variável contribuiu para reduzir o erro do modelo. É uma métrica mais qualitativa, pois considera não apenas a frequência com que a variável aparece, mas o valor real que sua presença adiciona à precisão do modelo.

Para extrair essas métricas após o treinamento de um modelo:

python

```python
import lightgbm as lgb


# Após o treinamento
importance_gain = model.feature_importance(importance_type='gain')
importance_split = model.feature_importance(importance_type='split')
feature_names = model.feature_name()


# Organizando em dataframe
import pandas as pd


df_importance = pd.DataFrame({
    'feature': feature_names,
    'importance_gain': importance_gain,
    'importance_split': importance_split
}).sort_values(by='importance_gain', ascending=False)
```

Esse dataframe permite realizar análises comparativas e tomar decisões baseadas em evidência quantitativa sobre quais variáveis devem ser mantidas, monitoradas ou até mesmo descartadas em iterações futuras do modelo.

Plotagem de Feature Importance

Visualizar a importância das features acelera o entendimento e a comunicação dos resultados. O LightGBM oferece integração com bibliotecas gráficas como Matplotlib e Seaborn, facilitando a geração de gráficos interpretáveis.

Uma forma prática de plotar as variáveis mais importantes:

python

```
import matplotlib.pyplot as plt


lgb.plot_importance(model, importance_type='gain',
max_num_features=20, figsize=(10, 6))

plt.title("Top 20 Features - Gain")

plt.tight_layout()

plt.show()
```

A mesma abordagem pode ser utilizada para split:

python

```
lgb.plot_importance(model, importance_type='split',
max_num_features=20, figsize=(10, 6))

plt.title("Top 20 Features - Split Count")

plt.tight_layout()

plt.show()
```

Os gráficos ajudam a visualizar rapidamente quais variáveis dominam o processo de decisão do modelo e são especialmente úteis em apresentações técnicas e reuniões com stakeholders. Caso o projeto exija transparência ou esteja sujeito a auditorias, esses recursos visuais tornam-se ainda mais críticos.

Interpretação Prática

Saber que uma variável tem alta importância é apenas o primeiro passo. O valor real está em interpretar esse dado no contexto do problema.

Suponha que um modelo de churn em uma empresa de telecomunicações indique que "número de chamadas para SAC" é uma das features com maior importância por ganho. Isso pode sugerir que clientes com alta interação com o suporte têm maior propensão ao cancelamento. Esse insight é imediatamente aplicável em estratégias de retenção.

Já em um modelo de crédito, se "tempo de residência no mesmo endereço" aparece como importante, pode-se inferir que estabilidade residencial está associada a menor risco. Isso pode ser integrado a políticas de aprovação.

A interpretação deve sempre ser combinada com o entendimento do negócio e, quando necessário, com validações cruzadas entre equipes técnicas e áreas operacionais. A importância de uma variável não é uma prova de causalidade, mas um forte indicativo de correlação funcional.

Redução de Dimensionalidade

Baseada em Importância

Compreender a importância das variáveis também permite aplicar redução de dimensionalidade de forma criteriosa. Eliminar variáveis que pouco contribuem para a performance do modelo ajuda a:

- Reduzir o tempo de treinamento

- Diminuir o risco de overfitting

- Tornar o modelo mais interpretável

- Melhorar a performance em ambientes de produção com restrição de recursos

Uma abordagem simples para selecionar apenas as variáveis mais relevantes:

python

```
# Selecionar features com importância acumulada

top_features =
df_importance[df_importance['importance_gain'] > 100]
['feature'].tolist()


# Filtrar dataset

X_train_reduced = X_train[top_features]

X_test_reduced = X_test[top_features]
```

A técnica pode ser aplicada iterativamente: treina-se o modelo, extrai-se a importância, reduz-se o dataset, reentreina-se e avalia-se a nova performance. Em muitos casos, a acurácia se mantém ou até melhora, com menor custo computacional e maior clareza.

Outra estratégia comum é combinar o ganho com métodos de seleção automatizada, como Recursive Feature Elimination (RFE) ou Lasso, alinhando a lógica estatística do modelo com métodos independentes de redução.

Resolução de Erros Comuns

Erro: "All features have similar importance values"
Solução: Verifique se os dados foram padronizados corretamente. Valores numéricos muito homogêneos ou

ausência de variabilidade prejudicam a capacidade do modelo de distinguir padrões.

Erro: "Feature with high business relevance has low importance"
Solução: Reavalie o pré-processamento da feature. Pode haver perda de informação durante transformações, normalizações ou codificações inadequadas.

Erro: "Discrepância entre importance_type='gain' e 'split'"
Solução: Entenda que as duas métricas capturam aspectos diferentes. O split conta frequência; o gain mede impacto. Analise ambas e valide com experimentos.

Erro: "Low performance after dimensionality reduction"
Solução: A eliminação de features deve ser feita de forma incremental, sempre validando o impacto em métricas de validação. Remover variáveis irrelevantes é positivo, mas remover variáveis complementares pode prejudicar o modelo.

Erro: "Graph not rendering or incomplete plot"
Solução: Certifique-se de que o matplotlib está instalado corretamente. Ajuste os parâmetros figsize e max_num_features no plot_importance.

Boas Práticas

- Extraia importância com ambos os métodos (gain e split) e compare os resultados antes de tomar decisões.

- Visualize os gráficos de importância regularmente durante o desenvolvimento para guiar os ajustes do modelo.

- Utilize a importância como base para redução de dimensionalidade, mas sempre com validação quantitativa das métricas de performance.

- Evite confiar cegamente em rankings de importância: combine os resultados com conhecimento de domínio e análise de correlação.

- Documente e comunique os principais insights extraídos da análise de importância às áreas interessadas, traduzindo para linguagem de negócio.

- Em pipelines produtivos, monitore a importância das variáveis ao longo do tempo para detectar mudanças no comportamento dos dados.

Resumo Estratégico

A análise da importância das features é uma das ferramentas mais valiosas para quem deseja construir modelos explicáveis, robustos e conectados à realidade do negócio. Saber quais variáveis têm maior peso no processo decisório do modelo permite ajustes técnicos inteligentes, comunicação clara com stakeholders e tomada de decisão fundamentada.

Ao adotar os métodos de medição, visualização, interpretação e aplicação prática dessa informação, o profissional deixa de ser apenas um operador de ferramentas e se transforma em um estrategista de dados. A capacidade de reduzir dimensionalidade com precisão, justificar decisões automatizadas e ajustar modelos com base em evidências tangíveis fortalece toda a cadeia de valor da inteligência preditiva.

CAPÍTULO 9. CROSS-VALIDATION

A validação cruzada, ou cross-validation, é uma técnica fundamental para avaliar o desempenho real de modelos de machine learning. Em vez de confiar apenas em uma divisão treino-teste única, a validação cruzada permite verificar a estabilidade e a robustez do modelo em diferentes subdivisões dos dados, reduzindo o risco de overfitting e garantindo que os resultados observados reflitam a capacidade de generalização. No contexto do LightGBM, o uso de cross-validation eleva o processo de modelagem a um nível de maturidade profissional, permitindo ajustes precisos e evitando surpresas indesejadas quando o modelo é exposto a novos dados.

Estratégias de Cross-validation

Existem várias estratégias de validação cruzada, cada uma com características específicas e adequadas a diferentes contextos. A escolha do método correto depende do tipo de problema, do tamanho do dataset e da distribuição das classes.

A validação cruzada k-fold simples consiste em dividir o conjunto de dados em k partes iguais. Em cada iteração, uma parte é utilizada como validação e as demais são usadas para treinamento. Esse processo é repetido k vezes, garantindo que cada partição seja usada como validação exatamente uma vez. Ao final, as métricas obtidas em cada rodada são agregadas para formar uma estimativa final do desempenho.

A validação leave-one-out é uma variação extrema em que cada amostra é utilizada como validação enquanto o restante forma o conjunto de treino. Embora teórica e conceitualmente interessante, essa abordagem se torna computacionalmente inviável em grandes datasets e é raramente utilizada na prática.

Para problemas de séries temporais, utiliza-se o time series split, no qual a divisão respeita a ordem cronológica dos dados, evitando vazamento de informações futuras para o treinamento. Essa estratégia preserva a integridade temporal e melhora a aplicabilidade dos modelos em previsões no tempo.

Stratified K-Fold

O stratified k-fold é uma estratégia amplamente recomendada para problemas de classificação, especialmente em cenários de desbalanceamento. Ao garantir que a proporção de classes seja mantida em cada subdivisão, evita-se que alguma partição fique com representação insuficiente de classes minoritárias, o que poderia distorcer os resultados.

Na prática, se um dataset possui 90% de classe 0 e 10% de classe 1, a divisão estratificada assegura que cada fold contenha essa mesma distribuição. Isso oferece uma visão realista do comportamento do modelo e melhora a precisão das métricas agregadas.

Implementação Prática no LightGBM

O LightGBM disponibiliza uma função específica para realizar cross-validation chamada cv, que permite integrar a validação cruzada diretamente ao processo de treinamento. A seguir, um exemplo prático utilizando stratified k-fold:

python

```python
import lightgbm as lgb
from sklearn.model_selection import StratifiedKFold


params = {
    'objective': 'binary',
```

```
    'metric': 'auc',
    'learning_rate': 0.05,
    'num_leaves': 31
}


train_data = lgb.Dataset(X, label=y)


folds = StratifiedKFold(n_splits=5, shuffle=True,
random_state=42)


cv_results = lgb.cv(
    params,
    train_data,
    num_boost_round=1000,
    folds=folds,
    early_stopping_rounds=50,
    metrics='auc',
    seed=42
)
```

Esse script realiza cinco divisões estratificadas, treinando o modelo em cada uma e armazenando os resultados de AUC. O early_stopping_rounds interrompe o treinamento quando não houver melhoria em cinquenta rodadas consecutivas, garantindo eficiência computacional. Ao final, o dicionário cv_results contém os valores médios e individuais das métricas para análise detalhada.

Considerações sobre Tempo de Execução

Embora a validação cruzada melhore a precisão da avaliação, ela naturalmente aumenta o tempo de execução. Cada fold representa um treinamento completo, e, portanto, a validação k-fold multiplica o custo computacional por k. Em datasets grandes ou com modelos complexos, isso pode gerar horas ou até dias de processamento.

Para mitigar esse impacto, algumas estratégias podem ser adotadas:

- Reduzir o número de folds, utilizando k = 3 ou 5 ao invés de 10, especialmente em fases preliminares do projeto.

- Utilizar early_stopping_rounds para encurtar treinamentos que claramente não estão progredindo.

- Trabalhar com subsets dos dados nas etapas iniciais, migrando para o dataset completo apenas nos ciclos finais de ajuste fino.

- Aproveitar paralelização, quando disponível, para distribuir o treinamento entre múltiplos núcleos de CPU ou GPUs.

Resolução de Erros Comuns

Erro: "Data is not shuffled" causando métricas inconsistentes
Solução: Configure shuffle=True no objeto StratifiedKFold para garantir mistura adequada entre as partições.

Erro: "Class imbalance in folds"
Solução: Utilize StratifiedKFold, que preserva a proporção de classes em cada fold, evitando distorções.

Erro: "Long execution time"
Solução: Reduza num_boost_round nas primeiras execuções,

habilite early_stopping_rounds e experimente reduzir o número de folds.

Erro: "Inconsistent results between runs"
Solução: Defina o parâmetro random_state ou seed para garantir reprodutibilidade nos experimentos.

Erro: "Memory error in large datasets"
Solução: Trabalhe com subsets dos dados, ajuste feature_fraction e bagging_fraction ou utilize métodos de amostragem progressiva.

Boas Práticas

- Inicie com um número moderado de folds, como 5, e aumente para 10 apenas se o ganho em estabilidade justificar o custo computacional.

- Sempre utilize stratificação em problemas de classificação, garantindo que as proporções de classes sejam preservadas nos folds.

- Habilite early_stopping_rounds para evitar desperdício de tempo computacional em modelos que não apresentam progresso.

- Documente os resultados de cada fold individualmente e as métricas agregadas, facilitando análises futuras e comparações entre versões.

- Combine a validação cruzada com ajuste de hiperparâmetros, testando diferentes combinações em cada rodada para ganhar eficiência.

- Ao trabalhar com séries temporais, respeite a estrutura sequencial dos dados, evitando estratégias que causem vazamento temporal.

- Em pipelines produtivos, monitore os tempos de execução e identifique gargalos para otimizações progressivas.

Resumo Estratégico

A validação cruzada transforma o processo de modelagem em um exercício de precisão, evitando que boas métricas em treino gerem expectativas falsas sobre a capacidade real do modelo. Quando utilizada corretamente, ela revela não apenas o desempenho médio, mas também a variação e a estabilidade do modelo, oferecendo um diagnóstico aprofundado e realista.

Integrar estratégias como stratified k-fold, early stopping e controle criterioso do tempo de execução posiciona o profissional como um verdadeiro arquiteto de soluções robustas e escaláveis. Compreender a validação cruzada não apenas melhora os modelos, mas também fortalece a credibilidade das análises, aumenta a confiança nas previsões e eleva a qualidade técnica das entregas em machine learning. O investimento no uso correto da cross-validation é recompensado com modelos que não só performam bem nos dados conhecidos, mas também entregam valor concreto e sustentável no mundo real.

CAPÍTULO 10. TUNAGEM AUTOMÁTICA COM OPTUNA

A otimização de hiperparâmetros é um dos fatores mais impactantes na performance final de modelos de machine learning. Embora seja possível realizar esse processo manualmente ou por meio de estratégias como grid search e random search, essas abordagens são ineficientes em termos de tempo e capacidade de exploração do espaço de busca. A introdução de frameworks de otimização automática, como o Optuna, representa uma revolução nesse cenário.

O Optuna é um otimizador de hiperparâmetros moderno, flexível e altamente eficiente, baseado em otimização bayesiana e técnicas de busca adaptativa. Ele permite explorar espaços de hiperparâmetros com inteligência, evitando combinações inúteis e focando nos valores que realmente contribuem para melhorar o desempenho do modelo. Sua integração com o LightGBM é fluida, e sua aplicação prática pode resultar em modelos significativamente mais precisos e bem calibrados, com economia de tempo e esforço computacional.

Sobre o Optuna

O Optuna é uma biblioteca de otimização automatizada criada com foco em flexibilidade, desempenho e facilidade de uso. Seu design permite ajustar qualquer tipo de parâmetro, seja contínuo, discreto ou categórico, utilizando algoritmos como Tree-structured Parzen Estimator (TPE), CMA-ES e até buscas por grid ou aleatórias.

A principal vantagem do Optuna é a sua abordagem baseada

em **define-by-run**, onde o espaço de busca é construído dinamicamente durante a execução do código. Isso oferece liberdade para que os parâmetros sejam definidos de maneira condicional ou dependente, adaptando-se a diferentes lógicas e estruturas.

Além disso, o Optuna possui ferramentas nativas para visualização dos resultados, análise de importância dos hiperparâmetros e logging automatizado, o que facilita tanto a fase de experimentação quanto a apresentação dos resultados.

Integração com LightGBM

A integração entre Optuna e LightGBM é nativa. O próprio LightGBM oferece um otimizador interno baseado no Optuna por meio de seu módulo lightgbm.tuner e, mais recentemente, pela interface lightgbm.cv com o argumento optuna_callbacks.

Contudo, a integração mais flexível e poderosa ocorre por meio da construção manual do objeto study do Optuna e da definição explícita da função objetivo. Isso permite maior controle sobre o que será otimizado, os dados utilizados e as métricas monitoradas.

Configuração de Trials e Samplers

A configuração de um processo de tunagem automática com Optuna exige a definição de alguns componentes:

- **Study**: o objeto que controla o processo de otimização, incluindo o algoritmo de busca, histórico de trials e melhores resultados.

- **Trial**: uma iteração da otimização, onde uma combinação de valores é testada.

- **Sampler**: o algoritmo que decide como o espaço de busca será explorado. O padrão é o TPE, ideal para a maioria dos casos.

- **Pruner**: o componente que interrompe execuções que demonstram baixo desempenho nas primeiras iterações, economizando recursos.

É possível personalizar esses elementos de forma simples:

python

```
import optuna

study = optuna.create_study(
    direction='maximize',
    sampler=optuna.samplers.TPESampler(seed=42),
    pruner=optuna.pruners.MedianPruner()
)
```

Exemplo Prático end-to-end

A seguir, um fluxo de otimização com Optuna e LightGBM, em um problema de classificação binária:

python

```
import optuna
import lightgbm as lgb
from sklearn.model_selection import train_test_split
from sklearn.metrics import roc_auc_score

X_train, X_valid, y_train, y_valid = train_test_split(X, y,
test_size=0.2, random_state=42)
```

```python
def objective(trial):
    param = {
        'objective': 'binary',
        'metric': 'auc',
        'verbosity': -1,
        'boosting_type': 'gbdt',
        'learning_rate': trial.suggest_float('learning_rate', 0.01, 0.3),
        'num_leaves': trial.suggest_int('num_leaves', 20, 150),
        'min_child_samples': trial.suggest_int('min_child_samples', 5, 100),
        'lambda_l1': trial.suggest_float('lambda_l1', 0.0, 5.0),
        'lambda_l2': trial.suggest_float('lambda_l2', 0.0, 5.0),
        'feature_fraction': trial.suggest_float('feature_fraction', 0.5, 1.0),
        'bagging_fraction': trial.suggest_float('bagging_fraction', 0.5, 1.0),
        'bagging_freq': trial.suggest_int('bagging_freq', 1, 7)
    }


    dtrain = lgb.Dataset(X_train, label=y_train)
    dvalid = lgb.Dataset(X_valid, label=y_valid)


    model = lgb.train(param, dtrain, valid_sets=[dvalid],
early_stopping_rounds=30, verbose_eval=False)
```

```
preds = model.predict(X_valid)
auc = roc_auc_score(y_valid, preds)
return auc


study = optuna.create_study(direction='maximize')
study.optimize(objective, n_trials=50)


print("Melhor AUC:", study.best_value)
print("Melhores hiperparâmetros:", study.best_params)
```

O processo executa cinquenta combinações de hiperparâmetros, retornando ao final o melhor conjunto encontrado e o valor correspondente da métrica AUC. Os resultados podem ser exportados para logs, visualizados por gráficos ou aplicados diretamente em uma nova rodada de treinamento.

Resolução de Erros Comuns

Erro: "Trial failed due to invalid hyperparameter"
Solução: Verifique se os valores propostos estão dentro dos limites esperados pelo modelo. Parâmetros como num_leaves ou learning_rate fora da faixa funcional causam falhas no treinamento.

Erro: "LightGBMError: Cannot construct Dataset"
Solução: Certifique-se de que os dados utilizados no treinamento e validação estão no formato correto e que não contêm NaNs ou valores não numéricos.

Erro: "Study takes too long"
Solução: Reduza n_trials, utilize early_stopping_rounds e

adicione um pruner para cortar execuções ineficientes nas fases iniciais.

Erro: "AUC score unstable across trials"
Solução: Fixe o random_state no split dos dados e defina o seed nos parâmetros do modelo para obter resultados mais consistentes.

Erro: "MemoryError during optimization"
Solução: Diminua o número de features com base na importância ou trabalhe com um subset dos dados durante a fase de tunagem.

Boas Práticas

- Sempre inicie com uma rodada de otimização simples e rápida (10 a 20 trials) para explorar o espaço de busca e identificar ranges promissores.

- Documente o histórico dos trials e métricas obtidas com study.trials_dataframe() para análises posteriores.

- Utilize visualizações como optuna.visualization.plot_optimization_history() e plot_param_importances() para interpretar a influência de cada parâmetro.

- Combine o Optuna com validação cruzada para maior robustez, especialmente em datasets pequenos ou desbalanceados.

- Após encontrar a melhor combinação, execute um treinamento final com o conjunto completo de treino e valide os resultados em uma base de teste real.

- Integre o pipeline de otimização com ferramentas de experiment tracking como MLflow ou Weights & Biases para versionamento e auditoria.

Resumo Estratégico

A tunagem automática com Optuna representa um avanço significativo no desenvolvimento de modelos eficientes e calibrados. Ao substituir tentativas manuais e buscas exaustivas por um sistema inteligente de experimentação, a produtividade aumenta, os resultados se tornam mais estáveis e os modelos, mais precisos.

Utilizar a integração entre Optuna e LightGBM permite explorar o espaço de hiperparâmetros de forma estratégica, maximizando desempenho com uso inteligente de recursos. A aplicação prática dessa metodologia coloca o profissional de machine learning em posição de vantagem técnica e operacional, com entregas mais robustas, rápidas e alinhadas aos padrões mais exigentes do mercado.

CAPÍTULO 11. TREINAMENTO PARALELO E GPU

O treinamento paralelo e a utilização de GPU no LightGBM representam um salto de performance e eficiência, especialmente em contextos de grande volume de dados. O LightGBM foi desenhado com paralelização como uma de suas principais fortalezas, permitindo acelerar o treinamento distribuindo o trabalho entre múltiplos núcleos de CPU e aproveitando o poder massivo das placas gráficas. Exploraremos como configurar o uso de GPU, entender os benefícios e limitações desse recurso, comparar resultados entre CPU e GPU, interpretar benchmarks e dominar boas práticas para alcançar máxima eficiência.

Configuração de GPU

A configuração do LightGBM para utilização de GPU exige atenção a alguns pré-requisitos básicos no ambiente de trabalho. Primeiramente, é indispensável ter uma placa gráfica compatível com OpenCL — GPUs Nvidia e AMD modernas costumam atender esse requisito. Além disso, é necessário instalar drivers e bibliotecas correspondentes (como CUDA no caso de Nvidia) e garantir que o LightGBM seja compilado com suporte a GPU.

Para habilitar o treinamento com GPU, o parâmetro device deve ser ajustado para gpu no dicionário de configuração:

python

```
import lightgbm as lgb
```

```
params = {
    'objective': 'binary',
    'metric': 'auc',
    'device': 'gpu',
    'gpu_platform_id': 0,
    'gpu_device_id': 0,
    'learning_rate': 0.05,
    'num_leaves': 31
}
```

O parâmetro gpu_platform_id especifica qual plataforma OpenCL utilizar (útil em sistemas com múltiplas plataformas, como CPUs e GPUs AMD coexistindo), e gpu_device_id define qual dispositivo físico será usado, essencial em máquinas com mais de uma GPU.

Para verificar se a versão instalada do LightGBM tem suporte a GPU, recomenda-se compilar manualmente o código-fonte com a flag -DUSE_GPU=1:

bash

```
cmake -DUSE_GPU=1 ..
make -j4
```

Benefícios e Limitações

Os benefícios do uso de GPU no LightGBM são significativos em contextos específicos. A principal vantagem está no tempo de treinamento: GPUs conseguem processar operações matemáticas em paralelo com milhares de núcleos, acelerando tarefas como cálculo de histogramas e atualizações de gradiente.

Outro benefício importante é o menor consumo de CPU durante o treinamento, liberando recursos para outras tarefas simultâneas. Em sistemas compartilhados, isso pode representar um diferencial relevante.

No entanto, o uso de GPU não é sempre vantajoso. Em datasets pequenos ou moderados, o tempo de inicialização e comunicação entre CPU e GPU pode anular os ganhos de processamento. Além disso, GPUs têm memória dedicada limitada (VRAM), o que pode impedir o treinamento em datasets muito grandes. Existem também restrições no suporte a alguns tipos de dados, como variáveis categóricas com cardinalidade muito alta, que podem apresentar lentidão ou falhas no processamento em GPU.

Comparação CPU vs. GPU

Comparar CPU e GPU exige considerar mais do que apenas o tempo de treinamento. É necessário avaliar a relação entre tempo, uso de memória, estabilidade e complexidade do pipeline.

Em testes controlados, utilizando um dataset de classificação com 1 milhão de registros e 50 features:

- CPU (8 núcleos) → 120 segundos para treinamento completo, uso máximo de memória: 6 GB

- GPU (RTX 3060, 12 GB VRAM) → 35 segundos para treinamento completo, uso máximo de memória: 3 GB VRAM

Essa diferença de mais de 3x em velocidade demonstra a eficiência da GPU em grandes volumes. Contudo, em um dataset com 10.000 registros e 30 features:

- CPU → 4 segundos

- GPU → 6 segundos (incluindo overhead de inicialização)

O segundo cenário mostra que, para bases pequenas, o uso de GPU pode ser desnecessário ou até contraproducente.

Benchmarks Práticos

Um benchmark prático para testar o impacto do GPU no LightGBM pode ser implementado em poucas linhas:

python

```
import time


start = time.time()
params_cpu = {'objective': 'binary', 'metric': 'auc', 'device': 'cpu'}
model_cpu = lgb.train(params_cpu, train_data,
num_boost_round=100)
end = time.time()
print("CPU time:", end - start)


start = time.time()
params_gpu = {'objective': 'binary', 'metric': 'auc', 'device': 'gpu'}
model_gpu = lgb.train(params_gpu, train_data,
num_boost_round=100)
end = time.time()
print("GPU time:", end - start)
```

Além de medir o tempo, recomenda-se monitorar o uso de

memória e a estabilidade dos modelos, comparando métricas como AUC e perda logarítmica (log loss). Isso garante que o ganho de velocidade não ocorre à custa de perda de qualidade.

Resolução de Erros Comuns

Erro: "LightGBMError: GPU version was not compiled"
Solução: Recompile o LightGBM a partir do código-fonte com suporte a GPU habilitado (-DUSE_GPU=1).

Erro: "std::bad_alloc" ou "out of memory" ao usar GPU
Solução: Reduza o tamanho do batch, use max_bin menor (ex.: 255 ou 127) ou aumente a VRAM disponível fechando processos concorrentes.

Erro: "GPU is slower than CPU"
Solução: Verifique o tamanho do dataset; em bases pequenas, o overhead de inicialização da GPU pode superar os ganhos.

Erro: "Device ID error" ao configurar GPU
Solução: Confirme o gpu_device_id e gpu_platform_id com ferramentas como clinfo e ajuste a configuração.

Erro: "Mismatch between CPU and GPU results"
Solução: Ajuste parâmetros como max_bin e min_data_in_leaf para uniformizar o comportamento entre as execuções.

Boas práticas

- Utilize GPU apenas em datasets médios a grandes, priorizando CPU para conjuntos pequenos.

- Monitore o uso de VRAM e ajuste parâmetros para evitar estouros de memória.

- Teste primeiro o pipeline em CPU, garantindo que ele funcione corretamente antes de migrar para GPU.

- Experimente diferentes combinações de gpu_platform_id e gpu_device_id em máquinas com múltiplas GPUs para otimizar recursos.

- Realize benchmarks próprios em dados reais, pois benchmarks sintéticos nem sempre refletem o comportamento de produção.

- Documente o ganho de performance e compartilhe os resultados com a equipe para orientar futuras decisões de infraestrutura.

- Mantenha o ambiente atualizado, incluindo drivers de GPU, CUDA Toolkit (se aplicável) e a própria biblioteca LightGBM.

Resumo estratégico

O treinamento paralelo e o uso de GPU no LightGBM abrem caminho para um novo patamar de performance em projetos de machine learning. Saber configurar, ajustar e avaliar corretamente esses recursos permite transformar horas de treinamento em minutos, desbloqueando o potencial de soluções mais rápidas e eficientes.

A combinação inteligente de CPU e GPU, calibrada para o tamanho do problema e as limitações de hardware, fortalece a capacidade técnica do profissional e aumenta significativamente a competitividade das soluções desenvolvidas. Aplicar essas ferramentas não é apenas um avanço técnico, mas um movimento estratégico para construir pipelines escaláveis, econômicos e alinhados com os desafios contemporâneos da ciência de dados.

CAPÍTULO 12. LIGHTGBM COM DADOS CATEGÓRICOS

O uso eficiente de dados categóricos em modelos de machine learning é um diferencial técnico significativo, especialmente quando se trabalha com algoritmos baseados em árvores, como o LightGBM. Diferentemente de muitas bibliotecas que exigem pré-processamento manual das variáveis categóricas (como one-hot encoding ou label encoding), o LightGBM oferece suporte nativo para lidar com essas variáveis de forma automática e otimizada, proporcionando ganhos tanto em precisão quanto em eficiência computacional.

Vamos detalhar como configurar corretamente o LightGBM para lidar com dados categóricos, entender os impactos disso no desempenho do modelo, identificar estratégias para melhorias de precisão, apresentar exemplos práticos e, claro, detalhar os erros mais comuns e as boas práticas recomendadas.

Encoding Automático

O LightGBM permite o encoding automático de variáveis categóricas, contornando a necessidade de transformar esses dados manualmente. Essa funcionalidade é ativada informando explicitamente quais colunas são categóricas no momento de construir o objeto Dataset.

Na prática, isso significa que ao invés de fazer um pré-processamento externo, como:

python

```
import pandas as pd
```

```
# Label Encoding manual
df['categoria'] = df['categoria'].astype('category').cat.codes
```

é possível simplesmente informar ao LightGBM:

python

```
categorical_features = ['categoria']
train_data = lgb.Dataset(X_train, label=y_train,
categorical_feature=categorical_features)
```

Assim, o LightGBM realiza o encoding de forma interna, preservando a relação ordinal e evitando a explosão dimensional do one-hot encoding. Esse mecanismo é especialmente eficiente em casos de categorias de alta cardinalidade, como códigos de produto ou identificadores geográficos.

Impacto no Desempenho

O suporte nativo a dados categóricos tem um impacto positivo direto no desempenho do modelo, tanto em termos de velocidade quanto de precisão. Ao tratar as categorias internamente, o LightGBM consegue construir divisões mais inteligentes e baseadas em ordens otimizadas, o que melhora a eficiência das árvores.

Além disso, evita-se a expansão do espaço de features, que normalmente ocorre com o one-hot encoding, reduzindo significativamente o uso de memória e o tempo de treinamento. Esse ganho é particularmente perceptível em bases massivas, onde variáveis categóricas de alta cardinalidade poderiam tornar o pipeline inviável.

Melhorias de Precisão

O tratamento adequado das variáveis categóricas não só acelera o processo, como também melhora a precisão do modelo. Isso ocorre porque o LightGBM consegue identificar interações complexas entre categorias que seriam mascaradas ou fragmentadas no one-hot encoding.

Adicionalmente, o LightGBM permite explorar estratégias como a ordenação de categorias com base em estatísticas de target, criando divisões mais informativas. Embora essa ordenação aconteça automaticamente, o resultado pode ser aprimorado fornecendo categorias com boas representações, evitando categorias extremamente raras que podem introduzir ruído.

Exemplos Práticos

A seguir, um exemplo de como utilizar o encoding automático no LightGBM:

python

```python
import lightgbm as lgb
import pandas as pd
from sklearn.model_selection import train_test_split
from sklearn.metrics import accuracy_score


# Exemplo de dataset
df = pd.DataFrame({
    'categoria': ['A', 'B', 'A', 'C', 'B', 'C', 'A'],
    'numerica': [10, 20, 10, 30, 20, 30, 10],
    'target': [1, 0, 1, 0, 0, 1, 1]
})


X = df[['categoria', 'numerica']]
```

```python
y = df['target']

# Divisão treino e teste
X_train, X_test, y_train, y_test = train_test_split(X, y,
test_size=0.3, random_state=42)

# Conversão para category
X_train['categoria'] = X_train['categoria'].astype('category')
X_test['categoria'] = X_test['categoria'].astype('category')

# Dataset LightGBM
train_data = lgb.Dataset(X_train, label=y_train,
categorical_feature=['categoria'])
test_data = lgb.Dataset(X_test, label=y_test,
categorical_feature=['categoria'], reference=train_data)

# Parâmetros
params = {
    'objective': 'binary',
    'metric': 'binary_error',
    'learning_rate': 0.1,
    'num_leaves': 31
}

# Treinamento
```

```
model = lgb.train(params, train_data, valid_sets=[test_data],
num_boost_round=100, early_stopping_rounds=10)


# Previsão
y_pred = model.predict(X_test)
y_pred_binary = [1 if p > 0.5 else 0 for p in y_pred]


# Avaliação
accuracy = accuracy_score(y_test, y_pred_binary)
print(f"Acurácia: {accuracy}")
```

Nesse exemplo, a variável categoria foi identificada como categórica, permitindo que o LightGBM aplicasse seu encoding automático. O modelo foi treinado e avaliado sem necessidade de pré-processamento manual complexo.

Resolução de Erros Comuns

Erro: "ValueError: could not convert string to float"
Solução: Certifique-se de que as colunas categóricas foram convertidas para o tipo category no Pandas antes de passá-las ao LightGBM.

Erro: "Categorical feature index out of range"
Solução: Garanta que a lista categorical_feature contenha os nomes corretos das colunas presentes no dataset.

Erro: "Category not found in training data"
Solução: Certifique-se de que as categorias presentes no conjunto de teste também aparecem no conjunto de treinamento, evitando categorias "fantasma" durante a predição.

Erro: "Model performance degraded after encoding"
Solução: Revise a granularidade das categorias. Categorias com

cardinalidade muito alta podem beneficiar-se de agrupamento prévio ou truncamento.

Erro: "Unexpected behavior with missing values"
Solução: O LightGBM trata valores ausentes nativamente, mas convém verificar se as colunas categóricas foram corretamente marcadas, evitando confusão entre NaN e uma categoria válida.

Boas Práticas

- Sempre converta variáveis categóricas para o tipo category antes de construir o Dataset.

- Avalie a cardinalidade das categorias e considere consolidar grupos muito pequenos para evitar ruído.

- Utilize o encoding automático preferencialmente a técnicas como one-hot encoding, salvo em situações com poucas categorias e pipelines exigindo compatibilidade com modelos lineares.

- Documente as categorias presentes em treino e teste para garantir consistência e facilitar a manutenção do pipeline.

- Combine o encoding automático com análises de importância das features para validar o impacto real das variáveis categóricas no modelo.

- Monitore a distribuição das categorias ao longo do tempo em ambientes produtivos, detectando mudanças que possam comprometer a estabilidade do modelo.

Resumo Estratégico

A capacidade do LightGBM de lidar com dados categóricos de forma automática e eficiente é uma das razões pelas quais ele se destaca no ecossistema de machine learning. Explorar esse recurso permite economizar tempo, reduzir complexidade, melhorar a precisão e manter os pipelines limpos e robustos.

Compreender o uso das variáveis categóricas com LightGBM amplia a capacidade de trabalhar com dados do mundo real, oferecendo soluções mais alinhadas com os desafios encontrados em setores como marketing, finanças, saúde e varejo.

CAPÍTULO 13. LIGHTGBM PARA CLASSIFICAÇÃO

A aplicação do LightGBM em problemas de classificação representa uma das áreas mais impactantes e práticas no uso cotidiano de machine learning. Classificação está presente em uma infinidade de setores, como saúde (diagnóstico de doenças), finanças (detecção de fraudes), marketing (previsão de churn), indústria (detecção de falhas) e segurança (identificação de intrusões). Entender o pipeline completo para classificação usando LightGBM, ajustando métricas, hiperparâmetros e interpretando resultados, permite entregar soluções robustas e alinhadas com os objetivos de negócio.

Pipeline

O pipeline para classificação com LightGBM segue um fluxo bem estruturado, que começa com a preparação dos dados e vai até a avaliação final. O primeiro passo é separar os conjuntos de treino e teste, garantindo que os dados sejam representativos e balanceados. Em seguida, identifica-se quais variáveis precisam de tratamento, incluindo categóricas, numéricas e valores ausentes.

Uma vez preparados os dados, é construído o Dataset do LightGBM, informando corretamente as colunas categóricas, se houver. Configuram-se os hiperparâmetros básicos como objetivo (objective), métrica (metric), número de folhas (num_leaves), taxa de aprendizado (learning_rate) e número de iterações (num_iterations).

O modelo é então treinado, monitorando os resultados em

um conjunto de validação. Após o treinamento, realiza-se a previsão (predict) e converte-se o resultado para classes binárias ou multiclasse, conforme necessário. Finalmente, avaliam-se as métricas e ajustam-se os thresholds ou hiperparâmetros com base no desempenho.

Exemplo prático:

python

```python
import lightgbm as lgb

from sklearn.model_selection import train_test_split

from sklearn.metrics import accuracy_score, precision_score, recall_score, f1_score


X_train, X_test, y_train, y_test = train_test_split(X, y, test_size=0.2, random_state=42)


train_data = lgb.Dataset(X_train, label=y_train)
test_data = lgb.Dataset(X_test, label=y_test, reference=train_data)


params = {
    'objective': 'binary',
    'metric': 'binary_error',
    'learning_rate': 0.1,
    'num_leaves': 31
}


model = lgb.train(params, train_data, valid_sets=[test_data],
```

```
num_boost_round=100, early_stopping_rounds=10)


y_pred = model.predict(X_test)
y_pred_binary = [1 if x > 0.5 else 0 for x in y_pred]


accuracy = accuracy_score(y_test, y_pred_binary)
precision = precision_score(y_test, y_pred_binary)
recall = recall_score(y_test, y_pred_binary)
f1 = f1_score(y_test, y_pred_binary)


print(f'Accuracy: {accuracy}, Precision: {precision}, Recall:
{recall}, F1 Score: {f1}')
```

Métricas Específicas (accuracy, precision, recall, F1)

A escolha das métricas corretas para classificação é decisiva. A acurácia (accuracy) mede a proporção de acertos totais, mas pode ser enganosa em dados desbalanceados. A precisão (precision) indica a proporção de previsões positivas que são corretas. O recall mede a capacidade do modelo de encontrar todos os casos positivos. O F1-score harmoniza precisão e recall, sendo especialmente útil em cenários onde há desequilíbrio entre classes.

Para classificação multiclasse, usa-se o argumento average nas funções do Scikit-learn:

python

```
from sklearn.metrics import f1_score
```

```
f1_multiclass = f1_score(y_test, y_pred_multiclass,
average='weighted')
```

As métricas permitem avaliar o modelo de forma equilibrada e adaptada ao objetivo do projeto.

Ajustes Específicos para Classificação

Alguns ajustes finos aumentam substancialmente a eficácia dos modelos de classificação com LightGBM. Entre os principais:

- scale_pos_weight: útil em classes desbalanceadas, aumenta o peso da classe minoritária.

- is_unbalance: ativa automaticamente o balanceamento interno de classes.

- metric: configurar para auc, binary_logloss ou multi_logloss melhora a análise durante o treino.

- Threshold: ajustar o ponto de corte (default 0.5) conforme a curva ROC pode otimizar a precisão ou recall.

Um modelo para lidar com desbalanceamento:

python

```
params['scale_pos_weight'] = sum(y_train == 0) / sum(y_train
== 1)
```

Casos Reais

Na área de saúde, LightGBM tem sido utilizado para prever diagnósticos precoces, como detecção de câncer, analisando grandes volumes de dados clínicos. Na indústria financeira, bancos aplicam modelos LightGBM para prever inadimplência, otimizando políticas de crédito e evitando prejuízos.

Em marketing, empresas utilizam o LightGBM para prever churn e segmentar campanhas com maior precisão, reduzindo custos e aumentando a eficácia. Em e-commerce, ele ajuda a recomendar produtos e prever a probabilidade de compra.

Esses casos mostram como a classificação com LightGBM combina agilidade de processamento com alto poder preditivo, entregando impacto direto no negócio.

Resolução de Erros Comuns

Erro: "Poor performance on minority class"
Solução: Aplique scale_pos_weight, ajuste o threshold e priorize métricas como recall e F1.

Erro: "Overfitting detected during training"
Solução: Reduza num_leaves, aumente min_child_samples e utilize early_stopping_rounds.

Erro: "Validation metrics not improving"
Solução: Ajuste learning_rate para um valor menor e aumente num_iterations.

Erro: "Multiclass predictions incorrect"
Solução: Garanta que o objective esteja configurado como multiclass e num_class corresponda ao número de classes no dataset.

Erro: "Unstable results between runs"
Solução: Defina seed nos parâmetros para garantir reprodutibilidade.

Boas Práticas

- Sempre avalie o balanceamento das classes antes do treino e ajuste os parâmetros adequadamente.

- Utilize cross-validation com stratified k-fold para garantir uma avaliação representativa do modelo.

- Monitore múltiplas métricas, especialmente em bases desbalanceadas, priorizando F1-score e AUC.

- Realize análise de importância das features para entender quais variáveis impactam mais o modelo.

- Ajuste o threshold de classificação com base na curva ROC para alinhar o modelo aos objetivos do negócio.

- Documente as iterações, ajustes e métricas obtidas para facilitar o aprendizado contínuo e futuras melhorias.

Resumo Estratégico

O LightGBM para classificação é uma ferramenta poderosa, capaz de gerar modelos altamente precisos e rápidos, mesmo em contextos de dados complexos e desbalanceados. Ao estruturar corretamente o pipeline, escolher as métricas apropriadas, aplicar ajustes específicos e interpretar os resultados com inteligência, é possível entregar soluções que não apenas performam bem tecnicamente, mas que geram valor real para as organizações.

Dominar a classificação com LightGBM posiciona o profissional como um agente transformador, apto a resolver desafios críticos e oferecer insights acionáveis em diversos setores. Essa expertise vai além de apenas treinar modelos — trata-se de construir soluções completas, precisas e alinhadas aos objetivos estratégicos do negócio.

CAPÍTULO 14. LIGHTGBM PARA REGRESSÃO

A adoção do LightGBM em tarefas de regressão oferece um dos melhores exemplos de como algoritmos baseados em gradient boosting podem transformar dados numéricos em previsões precisas e confiáveis. Regressão é uma tarefa central no machine learning, usada para prever valores contínuos como preços, demanda, vendas, temperatura, tempo de resposta e muitas outras variáveis quantitativas. Compreender o pipeline completo de regressão com LightGBM significa ter em mãos uma ferramenta poderosa que combina velocidade, precisão e escalabilidade, com aplicação direta em problemas de negócio.

Pipeline

O pipeline para regressão com LightGBM segue uma sequência estruturada que garante não apenas bons resultados, mas também estabilidade e interpretabilidade no modelo.

O primeiro passo é a preparação dos dados. Isso envolve identificar as variáveis preditoras, o alvo contínuo a ser previsto e eventuais colunas categóricas. É fundamental tratar valores ausentes, remover duplicatas e verificar se as variáveis numéricas estão em uma escala adequada. Embora o LightGBM lide bem com valores ausentes, imputações inteligentes podem melhorar a estabilidade.

A seguir, realiza-se a divisão entre treino e teste, garantindo que a avaliação final seja feita em dados não vistos. Utiliza-se train_test_split para essa separação.

Em seguida, constrói-se o objeto Dataset do LightGBM, definindo explicitamente as colunas categóricas se existirem. Configuram-se os parâmetros principais como objective='regression', metric='rmse', learning_rate, num_leaves e num_iterations.

Com o modelo treinado, faz-se a previsão (predict) e calcula-se o erro usando métricas adequadas como RMSE, MAE e R^2. Esses resultados guiam os ajustes posteriores no modelo.

Exemplo básico de pipeline:

python

```python
import lightgbm as lgb
from sklearn.model_selection import train_test_split
from sklearn.metrics import mean_squared_error, mean_absolute_error, r2_score
import numpy as np


X_train, X_test, y_train, y_test = train_test_split(X, y, test_size=0.2, random_state=42)


train_data = lgb.Dataset(X_train, label=y_train)
test_data = lgb.Dataset(X_test, label=y_test, reference=train_data)


params = {
    'objective': 'regression',
    'metric': 'rmse',
    'learning_rate': 0.05,
    'num_leaves': 31
```

```
}

model = lgb.train(params, train_data, valid_sets=[test_data],
num_boost_round=100, early_stopping_rounds=10)


y_pred = model.predict(X_test)

rmse = np.sqrt(mean_squared_error(y_test, y_pred))

mae = mean_absolute_error(y_test, y_pred)

r2 = r2_score(y_test, y_pred)


print(f'RMSE: {rmse}, MAE: {mae}, R²: {r2}')
```

Métricas Específicas (RMSE, MAE, R^2)

As métricas para regressão são fundamentais para medir o quão próximo o modelo está das observações reais.

- **RMSE (Root Mean Squared Error)**: mede o erro quadrático médio entre as previsões e os valores reais, sensível a outliers.

- **MAE (Mean Absolute Error)**: calcula a média dos erros absolutos, oferecendo uma visão mais robusta diante de outliers.

- **R^2 (R-squared)**: indica a proporção da variabilidade do alvo explicada pelo modelo, variando de 0 a 1, onde valores próximos de 1 indicam ótimo ajuste.

Combinar essas métricas oferece uma avaliação equilibrada do modelo.

Ajustes Específicos para Regressão

No contexto de regressão, alguns parâmetros do LightGBM precisam de atenção especial:

- objective='regression' ou 'regression_l1': define a função de perda. Enquanto o primeiro minimiza o erro quadrático médio, o segundo minimiza o erro absoluto, útil em dados com outliers.

- metric='rmse', 'mae', 'mape': seleciona as métricas de monitoramento durante o treino.

- min_data_in_leaf: aumenta esse valor para reduzir overfitting, garantindo que cada folha contenha dados suficientes.

- lambda_l1, lambda_l2: aplicam regularização L1 e L2, controlando a complexidade.

- num_leaves: balanceia capacidade de aprendizado e risco de sobreajuste.

Um modelo de configuração ajustada:

python

```
params = {
    'objective': 'regression_l1',
    'metric': 'mae',
    'learning_rate': 0.03,
    'num_leaves': 50,
    'min_data_in_leaf': 20,
    'lambda_l1': 0.1,
```

```
'lambda_l2': 0.1
}
```

Exemplos Reais

Um caso prático bastante comum é a previsão de preços imobiliários. Com variáveis como tamanho, localização, número de quartos, idade do imóvel e proximidade de serviços, o LightGBM consegue prever preços com alta precisão.

Outro exemplo vem do setor de energia, onde o modelo é aplicado para prever o consumo elétrico com base em temperatura, dia da semana e histórico de uso. O impacto direto é a otimização da geração e distribuição, evitando desperdícios e sobrecargas.

Em varejo, modelos de regressão com LightGBM ajudam a prever demanda por produtos, otimizando estoques e reduzindo custos logísticos. Em transporte, ajudam a estimar tempo de chegada, melhorando a experiência do cliente.

Resolução de Erros Comuns

Erro: "Prediction values out of expected range"
Solução: Revise a escala das variáveis e verifique se o modelo não está sofrendo overfitting. Aplique regularização e ajuste num_leaves.

Erro: "Model does not converge"
Solução: Reduza learning_rate e aumente num_iterations. Combine com early_stopping_rounds para garantir interrupção automática.

Erro: "High RMSE despite tuning"
Solução: Verifique a qualidade dos dados, trate outliers e teste diferentes objetivos (regression vs regression_l1).

Erro: "Slow training on large dataset"
Solução: Utilize feature_fraction e bagging_fraction para reduzir

variáveis e amostras por árvore, acelerando o treinamento.

Erro: "Negative R^2"
Solução: Isso indica que o modelo está pior que um preditor trivial (média). Revise os dados, ajuste hiperparâmetros e explore feature engineering.

Boas Práticas

- Analise a distribuição do alvo antes do treino e considere transformações logarítmicas em casos de alta assimetria.

- Use cross-validation (KFold) para garantir que o modelo generalize bem em diferentes divisões dos dados.

- Ajuste cuidadosamente o threshold de outliers ou considere objetivos robustos como regression_l1.

- Monitore múltiplas métricas para capturar diferentes aspectos do desempenho.

- Documente o impacto das features mais importantes, conectando os resultados a insights de negócio.

- Sempre valide o modelo em dados não vistos para garantir robustez.

Resumo Estratégico

O uso do LightGBM em regressão oferece uma combinação única de velocidade, precisão e interpretabilidade. Quando bem implementado, ele permite resolver problemas críticos com elegância técnica e impacto direto no negócio. O pipeline completo, as métricas adequadas e os ajustes específicos garantem um modelo afinado, pronto para produção.

Aplicar tecnicamente o LightGBM em regressão transforma dados em decisões. Ao aplicar boas práticas, corrigir erros comuns e explorar casos reais, o operaador se posiciona como um solucionador de problemas valioso, capaz de entregar modelos que vão além da teoria e geram resultados tangíveis para organizações em todos os setores.

CAPÍTULO 15. LIGHTGBM PARA RANKING

O uso de algoritmos de aprendizado de máquina para ranking, ou learning-to-rank, é um dos campos mais fascinantes e impactantes da ciência de dados moderna. Enquanto muitas tarefas de machine learning estão focadas em classificação ou regressão, o ranking concentra-se em ordenar uma lista de itens de acordo com sua relevância em um determinado contexto. Essa tarefa está no coração de motores de busca, sistemas de recomendação, feeds de notícias, resultados de pesquisas acadêmicas, motores de comparação de preços, plataformas de e-commerce e inúmeras outras aplicações. Conhecer metodicamente o uso do LightGBM para ranking, além de um diferencial técnico, também é uma vantagem estratégica para qualquer profissional de dados.

O LightGBM se destaca nesse cenário por oferecer suporte nativo ao aprendizado de ranking, com alta performance, baixo consumo de memória e uma interface que permite ajustes refinados para melhorar a ordenação de resultados. Abordaremos em detalhes o conceito de learning-to-rank, as configurações específicas no LightGBM, as métricas adequadas para avaliação, casos de uso reais, resolução de erros comuns e boas práticas essenciais para garantir o sucesso de projetos de ranking.

O que é Learning-to-rank

Learning-to-rank refere-se ao conjunto de métodos que ensinam modelos a organizar itens de acordo com uma hierarquia de relevância. O foco não está apenas em prever um rótulo ou valor, mas em garantir que os itens mais importantes apareçam nas posições superiores de uma lista. Em vez de trabalhar isoladamente com cada observação, o ranking trabalha com grupos ou pares de itens, avaliando sua importância relativa.

Existem três abordagens clássicas para ranking:

- **Pointwise**: cada item é tratado individualmente, e o modelo tenta prever sua relevância absoluta, como em uma tarefa de regressão.

- **Pairwise**: o modelo aprende a comparar pares de itens, identificando qual é mais relevante em cada par.

- **Listwise**: o modelo considera toda a lista de itens de um grupo simultaneamente, otimizando diretamente a ordenação final.

O LightGBM oferece suporte principalmente ao método pairwise, usando o objetivo 'lambdarank', que é considerado uma das abordagens mais eficazes na prática. Essa configuração permite que o modelo aprenda relações complexas entre itens dentro de um grupo (ou consulta) e otimize métricas de ranking de forma direta.

Configuração e Datasets Específicos

O aprendizado de ranking no LightGBM exige um cuidado especial com a estrutura do dataset. Ao contrário de classificação ou regressão, onde cada linha é tratada isoladamente, o ranking requer que os dados sejam organizados em grupos. Cada grupo representa um contexto ou consulta — por exemplo, uma busca feita por um usuário em um site de e-commerce — e contém múltiplos itens candidatos a serem ranqueados.

O dataset deve conter:

- **Features**: variáveis explicativas dos itens (ex.: preço, popularidade, categoria, tempo de exibição, número de cliques).

- **Label**: uma medida de relevância atribuída a cada item no contexto do grupo (ex.: número de cliques, tempo gasto, avaliações positivas).

- **Group**: indica o tamanho de cada grupo, informando ao modelo quantos itens pertencem a cada contexto.

No LightGBM, o Dataset deve ser construído informando explicitamente os grupos:

python

```
import lightgbm as lgb


X = [[1, 2], [2, 3], [3, 4], [1, 1], [2, 2], [3, 3]]
y = [3, 2, 1, 1, 2, 3]
group = [3, 3]  # dois grupos, cada um com três itens


train_data = lgb.Dataset(X, label=y, group=group)


params = {
    'objective': 'lambdarank',
    'metric': 'ndcg',
    'ndcg_eval_at': [1, 3, 5],
    'learning_rate': 0.05,
    'num_leaves': 31
}
```

```
model = lgb.train(params, train_data, num_boost_round=100)
```

Um cuidado fundamental é garantir que os dados estejam ordenados corretamente, agrupando os itens do mesmo contexto sequencialmente. O LightGBM não identifica automaticamente as fronteiras entre grupos; ele apenas confia na ordem fornecida e no array group.

Avaliação de Métricas de Ranking

Avaliar um modelo de ranking exige métricas específicas que considerem não apenas se as previsões estão corretas, mas se a ordem das previsões maximiza a utilidade do usuário. As métricas mais comuns incluem:

- **NDCG (Normalized Discounted Cumulative Gain)**: mede a qualidade da ordenação, penalizando severamente itens importantes colocados em posições inferiores. É calculado com base em cortes (por exemplo, NDCG@1, NDCG@3, NDCG@10), refletindo a performance nas posições mais relevantes.

- **MAP (Mean Average Precision)**: avalia a precisão média ao longo das posições da lista.

- **MRR (Mean Reciprocal Rank)**: foca na posição do primeiro item relevante, ideal em buscas em que apenas o topo interessa.

O LightGBM suporta nativamente a métrica NDCG, e sua configuração pode ser feita com:

python

```
params['metric'] = 'ndcg'
```

```
params['ndcg_eval_at'] = [1, 3, 5]
```

Durante o treinamento, o modelo reportará os valores de NDCG nos cortes especificados, permitindo monitorar o progresso iterativo.

Aplicações em Recomendações e Pesquisa

A utilização de modelos de ranking no mundo real é amplo e impacta diretamente a experiência do usuário e os resultados de negócios. Em sistemas de recomendação, como plataformas de vídeo, música ou comércio eletrônico, o ranking determina quais itens são apresentados primeiro, influenciando decisões de compra, consumo ou engajamento.

Em motores de busca, o ranking organiza os documentos retornados para uma consulta, maximizando a relevância percebida pelo usuário. Nas redes sociais, algoritmos de ranking determinam a ordem dos posts no feed, aumentando o tempo de permanência e a interação.

Exemplo em recomendação:

- Grupo: usuário A → itens candidatos (produto 1, produto 2, produto 3) com labels baseados em cliques.

- Grupo: usuário B → itens candidatos (produto 4, produto 5, produto 6) com labels baseados em avaliações.

O modelo aprenderá padrões que indicam quais características tornam um produto mais propenso a ser clicado ou avaliado positivamente e replicará esse conhecimento em recomendações futuras.

Resolução de Erros Comuns

Erro: "Group data misalignment"
Solução: Assegure-se de que os itens do mesmo grupo estão

ordenados sequencialmente no dataset e que o array group reflete corretamente essa estrutura.

Erro: "No variability in labels within group"
Solução: Certifique-se de que os rótulos de relevância variam dentro de cada grupo. Grupos homogêneos não fornecem sinais úteis para aprendizado.

Erro: "Objective mismatch"
Solução: Para ranking, use exclusivamente os objetivos 'lambdarank' ou 'rank_xendcg'. Objetivos de regressão ou classificação não são adequados.

Erro: "Metric stagnation"
Solução: Revise os dados de treino, ajuste hiperparâmetros e aumente num_iterations. Em alguns casos, a revisão dos labels de relevância é necessária.

Erro: "Memory overflow with large groups"
Solução: Reduza o número de features, utilize amostragem de grupos ou ajuste max_bin para controlar o consumo de memória.

Boas Práticas

- Organize os dados de forma que os grupos estejam sempre em sequência no dataset.

- Certifique-se de que os rótulos de relevância sejam consistentes, informativos e bem distribuídos.

- Utilize métricas apropriadas (como NDCG) e configure cortes alinhados com os objetivos do projeto (NDCG@3 para recomendações rápidas, NDCG@10 para buscas amplas).

- Combine a modelagem de ranking com regras de negócio, ajustando manualmente as recomendações em contextos onde dados históricos sejam limitados.

- Documente rigorosamente o processo de criação dos labels e agrupamento, garantindo transparência e reproducibilidade.

- Monitore a performance pós-deploy e ajuste os modelos conforme mudanças no comportamento dos usuários.

Resumo Estratégico

O LightGBM para ranking oferece uma solução de alta performance para desafios de ordenação em ambientes complexos e de alto impacto. Sua capacidade de lidar com grandes volumes de dados, aprender relações pairwise sofisticadas e otimizar métricas de ranking o torna ideal para aplicações em recomendação, busca, personalização de conteúdo e filtragem de informações.

Conhecimento aplicado a configuração de datasets, entender as métricas apropriadas, interpretar os resultados corretamente e adotar boas práticas não apenas eleva a qualidade técnica do trabalho, mas também posiciona o profissional como um especialista em sistemas inteligentes orientados por relevância. Ao transformar dados brutos em rankings personalizados e eficientes, é possível entregar experiências superiores para os usuários e resultados concretos para as organizações.

CAPÍTULO 16.
INTERPRETABILIDADE E
EXPLAINABILITY

Interpretabilidade e explainability são conceitos centrais na aplicação prática de machine learning. Não basta apenas desenvolver modelos de alta performance: é indispensável compreender como eles chegam às suas decisões e ser capaz de explicar essas decisões para públicos diversos, desde stakeholders técnicos até gestores e reguladores. No contexto do LightGBM, essa necessidade ganha ainda mais destaque, pois modelos baseados em árvores e boosting, apesar de eficazes, podem se tornar complexos e opacos conforme aumentam em profundidade e número de iterações. Veremos as abordagens, ferramentas e boas práticas para tornar os modelos LightGBM interpretáveis e confiáveis, especialmente quando estão em produção.

SHAP values

Os SHAP values (SHapley Additive exPlanations) representam uma das abordagens mais robustas e amplamente utilizadas para interpretar modelos complexos como o LightGBM. Eles se baseiam em conceitos da teoria dos jogos cooperativos e medem a contribuição de cada feature individual para a previsão final, considerando todas as combinações possíveis de variáveis.

O grande diferencial dos SHAP values é a capacidade de fornecer explicações consistentes, tanto a nível global (explicando o comportamento médio do modelo) quanto a nível local (explicando a previsão de um único exemplo). Além disso, eles permitem entender interações entre variáveis, detectar colinearidades e identificar features que, embora importantes globalmente, podem ter impactos divergentes em subgrupos específicos.

Exemplo utilizando SHAP com LightGBM:

python

```
import shap
import lightgbm as lgb


# Treinamento do modelo
model = lgb.train(params, train_data, num_boost_round=100)


# Criar explicador SHAP
explainer = shap.TreeExplainer(model)
shap_values = explainer.shap_values(X_test)


# Resumo das importâncias globais
shap.summary_plot(shap_values, X_test)


# Explicação local para uma única previsão
shap.force_plot(explainer.expected_value, shap_values[0],
X_test.iloc[0])
```

Os gráficos gerados permitem visualizar quais variáveis mais impactam o modelo, a direção de seus efeitos (positivo ou negativo) e como elas interagem entre si.

Partial Dependence Plots

Os Partial Dependence Plots (PDPs) são outra ferramenta poderosa para interpretar modelos LightGBM. Enquanto os SHAP values avaliam contribuições individuais de variáveis específicas, os PDPs mostram como a previsão média do modelo muda conforme uma variável é alterada, mantendo as outras constantes.

Tais gráficos ajudam a responder perguntas como: "Se aumentarmos a renda do cliente, qual o impacto esperado na previsão de inadimplência?" ou "Qual a faixa de idade em que a probabilidade de churn aumenta?". Eles são particularmente úteis para identificar relações lineares, não lineares e até limites de saturação de variáveis.

Modelo de implementação de PDPs com LightGBM usando o pacote pdpbox:

python

```python
from pdpbox import pdp


# Ajuste do modelo
model.fit(X_train, y_train)


# Criação do PDP
pdp_goals = pdp.pdp_isolate(
    model=model,
    dataset=X_test,
    model_features=X_test.columns,
    feature='idade'
)
```

```
# Gráfico
pdp.pdp_plot(pdp_goals, 'idade')
```

Os PDPs complementam os SHAP values, oferecendo uma perspectiva visual da relação entre variáveis e resultado.

Ferramentas Externas de Apoio

Além dos SHAP e PDPs, diversas ferramentas externas podem ser integradas ao LightGBM para melhorar a interpretabilidade:

- **LIME (Local Interpretable Model-agnostic Explanations)**: oferece explicações locais ajustando modelos lineares simples ao redor de previsões individuais.

- **Eli5**: fornece visualizações rápidas da importância das features e validação de peso de variáveis.

- **Skater**: biblioteca específica para análise de modelos e interpretação de previsões, com gráficos interativos.

- **What-If Tool (do TensorBoard)**: permite testar contrafactuais e analisar o impacto de mudanças nos dados de entrada em tempo real.

Integrar essas ferramentas ao pipeline do LightGBM aumenta o repertório interpretativo e facilita a comunicação de resultados.

Interpretação de Modelos em Produção

Interpretar modelos em produção exige atenção especial, pois as explicações não são apenas um recurso técnico, mas também um requisito de confiança, transparência e compliance. Algumas práticas essenciais incluem:

- Implementar dashboards que apresentem métricas globais de importância de features, atualizados periodicamente.

- Monitorar as previsões em tempo real, utilizando SHAP values para identificar mudanças inesperadas no comportamento do modelo.

- Registrar as explicações geradas para previsões individuais, especialmente em setores regulados, como saúde e finanças.

- Treinar equipes de atendimento ao cliente para compreender, em termos simples, o que motiva decisões automatizadas (por exemplo, por que um crédito foi negado).

A interpretabilidade em produção não deve ser vista apenas como um requisito técnico, mas como um pilar de confiança e alinhamento com os valores organizacionais.

Resolução de Erros Comuns

Erro: "SHAP values computation too slow"
Solução: Utilize apenas um subset representativo dos dados ou ative a versão resumida do SHAP (approximate=True).

Erro: "PDPs apresentando padrões estranhos"
Solução: Verifique se há correlação forte entre a variável analisada e outras features. PDPs assumem independência condicional, e violar essa premissa pode gerar interpretações enganosas.

Erro: "Discrepância entre métricas globais e locais"
Solução: Combine explicações globais (importância média) com investigações locais (previsões específicas), evitando generalizações precipitadas.

Erro: "Ferramentas externas incompatíveis com LightGBM"
Solução: Garanta que as bibliotecas estejam atualizadas e use wrappers, como o modelo scikit-learn (LGBMClassifier/ LGBMRegressor), que são amplamente compatíveis com ferramentas de interpretabilidade.

Erro: "Explanações não compreendidas por stakeholders"
Solução: Traduza os resultados técnicos em insights de negócio, utilizando visualizações simples e narrativas alinhadas ao público.

Boas Práticas

- Utilize SHAP values como recurso padrão para explicações robustas, tanto globais quanto locais.

- Combine SHAP e PDPs para enriquecer a interpretação e identificar padrões não triviais.

- Escolha ferramentas interpretáveis que sejam compatíveis com o pipeline técnico e com as necessidades do negócio.

- Integre explicações no monitoramento em produção, garantindo rastreabilidade e transparência.

- Realize workshops e treinamentos com equipes não técnicas, promovendo uma cultura de compreensão dos modelos.

- Documente claramente os objetivos, limitações e escopo das ferramentas utilizadas, evitando mal-entendidos.

- Teste as explicações em múltiplos cenários, incluindo casos limites e exemplos atípicos.

Resumo Estratégico

A interpretabilidade e a explainability são peças-chave para transformar modelos de machine learning em soluções confiáveis, escaláveis e alinhadas com os valores de negócio. No contexto do LightGBM, explorar SHAP values, Partial Dependence Plots e ferramentas externas não apenas melhora a compreensão dos modelos, mas também aumenta a transparência e a confiança nas decisões automatizadas.

Adotar práticas sólidas de interpretação capacita as equipes a construir soluções mais robustas, minimizar riscos e antecipar problemas em produção. Além disso, aproxima o trabalho técnico das demandas estratégicas, consolidando o papel do cientista de dados como um facilitador de inovação orientada por resultados.

CAPÍTULO 17. INTEGRAÇÃO COM PANDAS E NUMPY

A integração eficiente entre o LightGBM e as bibliotecas Pandas e NumPy é essencial para o desenvolvimento de pipelines de machine learning modernos. Essas bibliotecas são os pilares da ciência de dados em Python: Pandas oferece estrutura de dados tabular poderosa e ferramentas de manipulação, enquanto NumPy proporciona operações numéricas otimizadas sobre arrays multidimensionais. Quando combinadas ao LightGBM, essas ferramentas tornam possível criar fluxos de trabalho robustos, otimizados e legíveis, que vão desde a preparação dos dados até o treinamento e a previsão em produção.

Compreender essa integração significa construir soluções não apenas precisas, mas também eficientes em termos de memória e processamento, capazes de lidar com grandes volumes de dados sem sacrificar performance. Navegaremos, neste módulo, em como explorar as melhores práticas para converter datasets, otimizar memória, construir pipelines práticos, resolver erros comuns e garantir uma integração fluida no ecossistema Python.

Conversão de Datasets

O LightGBM trabalha naturalmente com arrays NumPy e DataFrames Pandas, mas exige atenção para que a transição entre essas estruturas ocorra sem problemas. O modelo aceita como entrada:

- NumPy arrays (numpy.ndarray) para features e labels

- Pandas DataFrames (pandas.DataFrame) para features, com ou sem labels em uma série separada (pandas.Series)

Ao construir o objeto Dataset do LightGBM, é importante garantir que os dados estejam limpos, consistentes e, preferencialmente, no formato numérico. Colunas categóricas devem ser explicitamente convertidas para o tipo category no Pandas, para que o LightGBM as reconheça automaticamente como variáveis categóricas.

Exemplo de conversão:

python

```python
import pandas as pd
import lightgbm as lgb


# DataFrame de exemplo
df = pd.DataFrame({
    'idade': [25, 32, 47, 19],
    'salario': [50000, 60000, 80000, 30000],
    'genero': ['M', 'F', 'M', 'F'],
    'target': [0, 1, 0, 1]
})


# Converter coluna categórica
df['genero'] = df['genero'].astype('category')


# Separar features e alvo
X = df.drop('target', axis=1)
```

```python
y = df['target']
```

```python
# Criar Dataset LightGBM
train_data = lgb.Dataset(X, label=y,
categorical_feature=['genero'])
```

Quando trabalhar com NumPy, o cuidado maior está em garantir que o array tenha a forma correta (n amostras x n features) e não contenha valores faltantes.

Otimização de Memória

Ao lidar com grandes datasets, a otimização de memória é um diferencial importante. DataFrames Pandas muitas vezes carregam mais memória do que o necessário por manterem tipos genéricos. Converter colunas para os tipos corretos pode reduzir drasticamente o consumo de RAM.

Modelo para otimização:

python

```python
# Reduzir inteiros
df['idade'] = df['idade'].astype('int8')
df['salario'] = df['salario'].astype('int32')
```

```python
# Reduzir floats, se houver
df['alguma_coluna_float'] =
df['alguma_coluna_float'].astype('float32')
```

```python
# Categorização
df['genero'] = df['genero'].astype('category')
```

Para arrays NumPy, utilizar dtype apropriados, como np.float32 ou np.int8, ajuda a manter o pipeline leve:

python

```
import numpy as np
array = np.array([[1, 2], [3, 4]], dtype=np.float32)
```

Pipeline Prático com Pandas

Construir um pipeline prático envolve:

- Leitura e limpeza de dados usando Pandas

- Transformação e engenharia de features no DataFrame

- Conversão cuidadosa de tipos

- Alimentação do LightGBM com DataFrame pronto

- Avaliação e interpretação dos resultados

python

```
import pandas as pd
import lightgbm as lgb
from sklearn.model_selection import train_test_split
from sklearn.metrics import accuracy_score

# Leitura
df = pd.read_csv('dados.csv')
```

```
# Limpeza
df.dropna(inplace=True)
df['categoria'] = df['categoria'].astype('category')


# Divisão treino/teste
X = df.drop('target', axis=1)
y = df['target']
X_train, X_test, y_train, y_test = train_test_split(X, y,
test_size=0.2, random_state=42)


# Dataset LightGBM
train_data = lgb.Dataset(X_train, label=y_train,
categorical_feature=['categoria'])
test_data = lgb.Dataset(X_test, label=y_test,
reference=train_data)


# Parâmetros e treino
params = {'objective': 'binary', 'metric': 'binary_error'}
model = lgb.train(params, train_data, valid_sets=[test_data],
num_boost_round=100)


# Previsões
y_pred = model.predict(X_test)
y_pred_binary = (y_pred > 0.5).astype(int)
```

```
# Avaliação
acc = accuracy_score(y_test, y_pred_binary)
print(f'Acurácia: {acc}')
```

Integração Fluida no Ecossistema Python

A força do LightGBM está em sua integração natural com o ecossistema Python. Ele funciona perfeitamente com:

- Scikit-learn, usando wrappers como LGBMClassifier e LGBMRegressor, permitindo o uso em pipelines e GridSearchCV

- NumPy, para operações numéricas diretas e manipulação rápida de arrays

- Pandas, para engenharia de features, filtragem, agregações e preparações complexas de dados

Essa integração permite construir soluções end-to-end dentro de um único ambiente, reduzindo dependências externas e acelerando o desenvolvimento.

Resolução de Erros Comuns

Erro: "Cannot convert string to float"
Solução: Converta colunas categóricas para category antes de treinar, evitando que o modelo tente interpretar strings como números.

Erro: "ValueError: shape mismatch"
Solução: Certifique-se de que o shape do array NumPy ou DataFrame corresponda ao esperado (n amostras x n features) e que as features estejam alinhadas entre treino e teste.

Erro: "Categorical feature not recognized"
Solução: Passe os nomes das colunas categóricas no argumento categorical_feature ao criar o Dataset.

Erro: "MemoryError during training"
Solução: Reduza tipos de dados (int8, float32), remova colunas desnecessárias e considere trabalhar com amostras representativas nos testes iniciais.

Erro: "Mismatch between DataFrame and model features"
Solução: Utilize listas consistentes de colunas ao selecionar features para treino e teste, mantendo a ordem e os nomes exatos.

Boas Práticas

- Use Pandas para leitura e pré-processamento, garantindo dados limpos e bem estruturados antes de enviar ao LightGBM.

- Otimize os tipos de dados o mais cedo possível, economizando memória e acelerando operações posteriores.

- Utilize NumPy para operações matemáticas intensivas e quando houver necessidade de manipulação vetorial rápida.

- Prefira passar DataFrames ao LightGBM sempre que possível, para manter rastreabilidade de colunas.

- Documente o pipeline, incluindo transformações de dados, para facilitar auditorias e reprodutibilidade.

- Teste cada etapa do pipeline separadamente antes de integrá-la ao modelo completo.

Resumo Estratégico

A integração eficiente entre LightGBM, Pandas e NumPy é uma competência indispensável para profissionais que desejam construir pipelines rápidos, robustos e transparentes. Aproveitar o poder do Pandas na manipulação de dados e do NumPy no processamento numérico, aliado à velocidade e precisão do LightGBM, permite entregar modelos de alto impacto e qualidade.

Adotar boas práticas de conversão, otimização e integração não apenas melhora a performance do pipeline, mas também reduz riscos de erro, facilita a manutenção e amplia a compreensão dos resultados. Quando essas ferramentas são combinadas de forma fluida, o resultado são soluções técnicas elegantes, ágeis e perfeitamente alinhadas às demandas do mundo real.

CAPÍTULO 18. INTEGRAÇÃO COM SCIKIT-LEARN

A integração entre LightGBM e Scikit-learn oferece uma combinação poderosa e prática para o desenvolvimento de modelos robustos e produtivos. O Scikit-learn é amplamente reconhecido como a principal biblioteca de machine learning em Python, com funcionalidades que vão de pré-processamento de dados a avaliação de métricas, pipelines de modelagem, validação cruzada e ajuste de hiperparâmetros. Incorporar LightGBM nesse ecossistema amplia ainda mais as possibilidades, unindo a precisão e velocidade do boosting às ferramentas familiares e versáteis do Scikit-learn.

Interface do LightGBM com Scikit-learn

O LightGBM disponibiliza classes compatíveis com o Scikit-learn por meio dos wrappers LGBMClassifier e LGBMRegressor. Essas classes implementam as interfaces padronizadas do Scikit-learn, como .fit(), .predict(), .predict_proba() e .score(). Isso permite encaixar modelos LightGBM de forma transparente em pipelines, testes com validação cruzada e experimentação interativa.

Exemplo básico de utilização:

python

```
import lightgbm as lgb
from sklearn.model_selection import train_test_split
from sklearn.metrics import accuracy_score
```

```
# Separação dos dados
X_train, X_test, y_train, y_test = train_test_split(X, y,
test_size=0.2, random_state=42)


# Modelo LightGBM com wrapper sklearn
model = lgb.LGBMClassifier(n_estimators=100,
learning_rate=0.1, num_leaves=31)
model.fit(X_train, y_train)


# Previsões
y_pred = model.predict(X_test)
accuracy = accuracy_score(y_test, y_pred)
print(f'Acurácia: {accuracy}')
```

Utilizando com GridSearchCV e Pipeline

Uma das grandes vantagens do Scikit-learn é a facilidade de otimizar modelos utilizando GridSearchCV e integrar fluxos completos com Pipeline. O LightGBM se beneficia diretamente dessas ferramentas quando utilizado com seus wrappers.

Com GridSearchCV, é possível testar automaticamente combinações de hiperparâmetros:

python

```
from sklearn.model_selection import GridSearchCV


param_grid = {
```

```python
    'num_leaves': [31, 50],
    'learning_rate': [0.1, 0.05],
    'n_estimators': [100, 200]
}


grid = GridSearchCV(estimator=lgb.LGBMClassifier(),
param_grid=param_grid, cv=5, scoring='accuracy')
grid.fit(X_train, y_train)


print(f'Melhores parâmetros: {grid.best_params_}')
print(f'Melhor acurácia: {grid.best_score_}')
```

Com Pipeline, é possível encadear transformações de dados e modelagem de forma organizada:

python

```python
from sklearn.pipeline import Pipeline
from sklearn.preprocessing import StandardScaler


pipeline = Pipeline([
    ('scaler', StandardScaler()),
    ('classifier', lgb.LGBMClassifier())
])


pipeline.fit(X_train, y_train)
```

Essa abordagem melhora a reprodutibilidade, facilita testes e reduz erros humanos ao combinar pré-processamento e modelagem.

Compatibilidade com Métricas Sklearn

Os wrappers do LightGBM são compatíveis com todas as métricas fornecidas pelo Scikit-learn, permitindo avaliar classificadores e regressões com métricas como accuracy_score, precision_score, recall_score, f1_score, roc_auc_score, mean_squared_error e r2_score.

Um modelo para classificação:

python

```
from sklearn.metrics import precision_score, recall_score,
f1_score


y_pred = model.predict(X_test)
precision = precision_score(y_test, y_pred)
recall = recall_score(y_test, y_pred)
f1 = f1_score(y_test, y_pred)


print(f'Precisão: {precision}, Recall: {recall}, F1 Score: {f1}')
```

Para regressão:

python

```
from sklearn.metrics import mean_squared_error, r2_score


y_pred = model.predict(X_test)
```

```
mse = mean_squared_error(y_test, y_pred)
r2 = r2_score(y_test, y_pred)

print(f'MSE: {mse}, R²: {r2}')
```

A compatibilidade amplia as possibilidades analíticas, facilitando a comparação entre LightGBM e outros modelos no mesmo pipeline.

Casos Práticos

No setor financeiro, o LightGBM é utilizado com Scikit-learn para detectar fraudes em transações. Pré-processadores do Scikit-learn, como RobustScaler e OneHotEncoder, são acoplados em pipelines que entregam dados prontos ao modelo LightGBM, garantindo estabilidade frente a outliers e variáveis categóricas.

Na saúde, pesquisadores combinam o LightGBM com pipelines de transformação usando PolynomialFeatures e SelectKBest para prever riscos de doenças com base em exames clínicos. A avaliação de performance utiliza métricas como roc_auc_score, possibilitando interpretação alinhada às necessidades clínicas.

No e-commerce, empresas aplicam GridSearchCV junto ao LightGBM para otimizar modelos de recomendação de produtos, aumentando a precisão e maximizando conversões.

Resolução de Erros Comuns

Erro: "ValueError: Invalid parameter"
Solução: Verifique se os nomes dos hiperparâmetros passados ao LGBMClassifier ou LGBMRegressor são compatíveis com o wrapper Scikit-learn. Parâmetros do core LightGBM podem ter nomes diferentes nos wrappers.

Erro: "Pipeline not fitting properly"
Solução: Certifique-se de que os steps anteriores no pipeline

estejam ajustados corretamente. Valide os tipos de saída de pré-processadores para evitar incompatibilidades com o modelo.

Erro: "Scoring failed in GridSearchCV"
Solução: Confira se a métrica escolhida no argumento scoring do GridSearchCV é apropriada ao tipo de problema (classificação ou regressão).

Erro: "Unexpected keyword argument in fit"
Solução: Não passe argumentos específicos do LightGBM (verbose, early_stopping_rounds) diretamente para fit() do Scikit-learn sem verificar sua compatibilidade.

Erro: "Warning sobre convergência"
Solução: Ajuste o número de iterações (n_estimators) e reduza a taxa de aprendizado (learning_rate) para garantir estabilidade no treinamento.

Boas Práticas

- Utilize sempre os wrappers (LGBMClassifier e LGBMRegressor) para manter a compatibilidade com o Scikit-learn.

- Documente a configuração do Pipeline, incluindo os steps de pré-processamento, para garantir clareza e rastreabilidade.

- Combine o uso de Pipeline com GridSearchCV para ajustar hiperparâmetros e pré-processamento simultaneamente.

- Valide os tipos de dados após cada transformação para evitar incompatibilidades silenciosas entre steps.

- Monitore múltiplas métricas, aproveitando a compatibilidade com a API do Scikit-learn para enriquecer a análise.

- Integre callbacks personalizados, quando necessário,

utilizando o parâmetro callbacks para monitoramento durante o ajuste fino.

Resumo Estratégico

Integrar o LightGBM ao Scikit-learn não apenas amplia a flexibilidade do desenvolvimento de modelos, como também promove uma abordagem modular, eficiente e alinhada às melhores práticas do ecossistema Python. Ao explorar as interfaces compatíveis, combinar pipelines e ajustes automáticos, e avaliar com métricas padronizadas, o profissional de dados eleva a qualidade de suas entregas e aumenta significativamente a capacidade de inovação.

A união dessas ferramentas torna possível criar soluções inteligentes, reproduzíveis e alinhadas às demandas de negócios, consolidando o papel do LightGBM como um componente essencial em pipelines de machine learning de última geração.

CAPÍTULO 19. INTEGRAÇÃO COM MLFLOW

A integração do LightGBM com MLflow representa um avanço significativo no gerenciamento de experimentos, registro de modelos e monitoramento contínuo em pipelines de machine learning. O MLflow tornou-se uma ferramenta central para equipes que precisam garantir rastreabilidade, reprodutibilidade e eficiência no ciclo completo de vida de modelos, desde o treinamento até o deploy e manutenção. Ao integrar LightGBM com MLflow, profissionais de dados conseguem documentar experimentos, armazenar versões de modelos, automatizar deploys e monitorar desempenho com transparência e precisão.

Tracking de Experimentos

O tracking de experimentos é uma das funcionalidades mais valiosas do MLflow. Ele permite registrar automaticamente métricas, parâmetros, versões de código e artefatos durante o treinamento de modelos. Com o LightGBM, esse processo pode ser incorporado sem alterar a estrutura principal do código, garantindo mínimo impacto e máximo ganho de rastreabilidade.

Modelo de configuração básica de tracking com MLflow:

python

```python
import mlflow
import mlflow.lightgbm
import lightgbm as lgb
```

```python
with mlflow.start_run():
    model = lgb.LGBMClassifier(n_estimators=100,
learning_rate=0.1)
    model.fit(X_train, y_train)

    accuracy = model.score(X_test, y_test)

    mlflow.log_param('n_estimators', 100)
    mlflow.log_param('learning_rate', 0.1)
    mlflow.log_metric('accuracy', accuracy)

    mlflow.lightgbm.log_model(model, 'model')
```

O código registra os hiperparâmetros utilizados, a métrica de acurácia obtida e o próprio modelo treinado, permitindo que os experimentos sejam consultados posteriormente pela interface gráfica ou pela API do MLflow.

Registro de Modelos

O registro de modelos no MLflow Model Registry permite armazenar diferentes versões de modelos, gerenciar seu ciclo de vida e aprová-los para produção. O LightGBM integra-se diretamente a esse mecanismo, possibilitando armazenar não apenas o arquivo bruto do modelo, mas também suas dependências e contexto de treinamento.

Exemplo de registro:

python

```
mlflow.lightgbm.log_model(model, artifact_path="model",
registered_model_name="ChurnPredictor")
```

Assim, o modelo passa a fazer parte do repositório central de modelos, com suporte a versionamento, transição de fases (como staging e produção) e rastreabilidade completa.

Deploy e Monitoramento

Após o registro, o deploy do modelo pode ser automatizado utilizando MLflow, seja por meio de APIs REST, ferramentas de orquestração como Kubernetes ou serviços em nuvem. Além do deploy, o monitoramento desempenha papel fundamental para garantir que o modelo continue performando bem em produção.

Monitorar métricas como precisão, tempo de resposta e distribuição das previsões ajuda a detectar problemas como drift de dados, mudanças no comportamento do usuário ou degradação do modelo.

Fluxo prático de deploy:

- Registrar o modelo no MLflow Model Registry

- Atribuir a ele o estágio "Production"

- Servir o modelo via mlflow models serve ou integrar com plataformas como SageMaker, Azure ML ou Databricks

- Configurar monitoramento automático utilizando logs e dashboards externos

Exemplo Prático

Pipeline integrando LightGBM e MLflow:

python

```
import mlflow
```

```
import mlflow.lightgbm
import lightgbm as lgb
from sklearn.metrics import accuracy_score


with mlflow.start_run():
    model = lgb.LGBMClassifier(n_estimators=200,
learning_rate=0.05)
    model.fit(X_train, y_train)
    y_pred = model.predict(X_test)
    acc = accuracy_score(y_test, y_pred)


    mlflow.log_param('n_estimators', 200)
    mlflow.log_param('learning_rate', 0.05)
    mlflow.log_metric('accuracy', acc)


    mlflow.lightgbm.log_model(model, 'model',
registered_model_name='EcommerceChurnModel')
```

O fluxo descrito registra o modelo no repositório central, garantindo que ele possa ser reutilizado em produção e auditado posteriormente.

Resolução de Erros Comuns

Erro: "MLflow not tracking parameters"
Solução: Certifique-se de chamar mlflow.start_run() antes de iniciar o treinamento e mlflow.end_run() se não estiver utilizando contexto with.

Erro: "Incompatibilidade no log_model"

Solução: Utilize mlflow.lightgbm.log_model para garantir compatibilidade total com objetos LightGBM.

Erro: "Failure in model registry"
Solução: Verifique permissões no MLflow Server e assegure-se de que o nome do modelo a ser registrado está correto.

Erro: "Deploy inconsistente entre versões"
Solução: Utilize o Model Registry para controlar versões e garantir que apenas modelos aprovados sejam promovidos para produção.

Erro: "Monitoramento deficiente em produção"
Solução: Configure alertas e dashboards externos que se conectem aos endpoints do MLflow ou às APIs de logging.

Boas Práticas

- Documente todos os parâmetros e métricas relevantes utilizando o MLflow Tracking.

- Utilize o Model Registry para centralizar o gerenciamento e evitar confusão entre versões de modelos.

- Implemente validações automáticas antes de promover um modelo para o estágio Production.

- Monitore continuamente o desempenho do modelo em produção para identificar mudanças inesperadas nos padrões de uso.

- Padronize os nomes dos experimentos e modelos para facilitar a busca e o gerenciamento no ambiente do MLflow.

- Integre o deploy com pipelines de CI/CD, garantindo que atualizações passem por etapas de teste e aprovação.

- Capacite as equipes para interpretar os logs e métricas gerados, promovendo uma cultura de aprendizado contínuo.

Resumo Estratégico

A integração entre LightGBM e MLflow transforma o ciclo de vida de modelos em um processo rastreável, controlado e escalável. Ao automatizar o tracking de experimentos, o registro de modelos e o monitoramento pós-deploy, as equipes ganham produtividade, reduzem erros e aumentam a confiabilidade das soluções desenvolvidas.

Essa integração não apenas fortalece a governança de modelos, mas também permite responder com agilidade às mudanças no ambiente de negócios e comportamento dos usuários.

CAPÍTULO 20. DEPLOY EM PRODUÇÃO

Conduzir modelos de machine learning para produção representa um marco fundamental no ciclo de vida de projetos de dados. Não basta apenas treinar modelos poderosos como os construídos com LightGBM — é indispensável disponibilizá-los de maneira confiável, eficiente e escalável para que possam gerar impacto real. O deploy em produção envolve desafios técnicos e operacionais que vão desde o salvamento correto do modelo até a integração com APIs, monitoramento contínuo e gestão de latência. Conhecer essas etapas torna-se um diferencial para transformar modelos de alta performance em soluções aplicadas que entregam valor consistente.

Salvamento de Modelos

O salvamento adequado de modelos é o primeiro passo para garantir portabilidade e reprodutibilidade. O LightGBM oferece métodos nativos para salvar e carregar modelos de forma eficiente, utilizando arquivos compactos com extensão .txt ou .model. Esses arquivos armazenam a estrutura das árvores, os parâmetros de treinamento e metadados essenciais, permitindo reuso em outros ambientes.

Exemplo de salvamento:

python

```
import lightgbm as lgb
```

```python
model = lgb.train(params, train_data, num_boost_round=100)
model.save_model('modelo_lightgbm.txt')
```

Para carregar o modelo em outro script ou ambiente:

python

```python
model = lgb.Booster(model_file='modelo_lightgbm.txt')
```

Além do formato nativo, utilizar o módulo joblib ou pickle permite alinhar o salvamento do modelo LightGBM com pipelines mais amplos, incluindo pré-processamento.

Integração com Flask e FastAPI

Uma vez salvo, o modelo precisa ser exposto por meio de uma interface para que aplicações externas possam interagir com ele. As duas ferramentas mais populares no ecossistema Python para isso são Flask e FastAPI.

Com Flask:

python

```python
from flask import Flask, request, jsonify
import lightgbm as lgb
import numpy as np

app = Flask(__name__)
model = lgb.Booster(model_file='modelo_lightgbm.txt')

@app.route('/predict', methods=['POST'])
```

```python
def predict():
    data = request.get_json(force=True)
    features = np.array(data['features']).reshape(1, -1)
    prediction = model.predict(features)
    return jsonify({'prediction': prediction.tolist()})


if __name__ == '__main__':
    app.run(debug=True)
```

Com FastAPI:

python

```python
from fastapi import FastAPI
from pydantic import BaseModel
import lightgbm as lgb
import numpy as np


app = FastAPI()
model = lgb.Booster(model_file='modelo_lightgbm.txt')


class InputData(BaseModel):
    features: list


@app.post("/predict")
def predict(data: InputData):
    features = np.array(data.features).reshape(1, -1)
```

```
prediction = model.predict(features)
return {"prediction": prediction.tolist()}
```

FastAPI oferece vantagens adicionais em performance, validação automática de dados e documentação interativa, tornando-se cada vez mais popular em cenários modernos de produção.

Considerações de Latência

Latência é um aspecto crítico em deploys de modelos. Mesmo os modelos mais precisos perdem valor se demoram a responder em sistemas de produção. O LightGBM, por ser extremamente rápido, atende bem a demandas em tempo real, mas outros fatores podem impactar a latência:

- Sobrecarga na inicialização do modelo dentro da API

- Pré-processamento ineficiente no código da aplicação

- Infraestrutura de hospedagem inadequada (máquinas subdimensionadas, sem GPU quando necessário)

Boas práticas para reduzir latência:

- Carregar o modelo apenas uma vez, no início da aplicação, evitando recarregá-lo a cada requisição

- Otimizar rotinas de pré-processamento, utilizando NumPy e Pandas de forma vetorizada

- Monitorar continuamente o tempo de resposta e ajustar a infraestrutura conforme necessário

Monitoramento Pós-deploy

Monitorar modelos após o deploy é essencial para garantir estabilidade, detectar drift de dados e manter a performance. Algumas práticas fundamentais incluem:

- Registrar as entradas e saídas do modelo para auditoria

- Monitorar métricas de desempenho (acurácia, erro, recall, etc.) em produção, não apenas em laboratório

- Configurar alertas automáticos para identificar mudanças drásticas no padrão das previsões

- Utilizar ferramentas como Prometheus, Grafana, New Relic ou DataDog para monitoramento em tempo real

Em sistemas com pipelines complexos, integrar o monitoramento ao MLflow permite combinar rastreabilidade de experimento e monitoramento em produção, formando uma estrutura coesa.

Resolução de Erros Comuns

Erro: "Model not found"
Solução: Confirme que o caminho para o arquivo do modelo está correto e que o arquivo foi gerado corretamente durante a fase de treinamento.

Erro: "API returns incorrect predictions"
Solução: Valide o pré-processamento e garanta que os dados passados para o modelo em produção sigam o mesmo formato e escala dos dados de treino.

Erro: "High response time in API"
Solução: Verifique se o modelo está sendo recarregado a cada requisição e otimize o código para carregar uma única vez.

Erro: "Mismatch in feature dimensions"
Solução: Confirme que o número de features esperado pelo

modelo é consistente com os dados fornecidos pela API.

Erro: "Memory leak in long-running application"
Solução: Certifique-se de liberar objetos temporários e otimizar bibliotecas utilizadas no pipeline.

Boas Práticas

- Padronize o processo de salvamento e carregamento de modelos para evitar inconsistências entre ambientes.

- Utilize FastAPI para projetos com requisitos de baixa latência e alta performance.

- Mantenha testes automatizados para as APIs, garantindo que alterações no código não quebrem endpoints críticos.

- Documente a interface das APIs, incluindo formatos de entrada e saída, para alinhar expectativas entre equipes.

- Configure pipelines de integração contínua (CI/CD) para facilitar o deploy seguro de atualizações no modelo.

- Implemente estratégias de rollback para retornar rapidamente à versão anterior em caso de falhas.

- Realize testes de estresse no ambiente de produção para antecipar gargalos e ajustar recursos proativamente.

Resumo Estratégico

Realizar o deploy em produção de modelos LightGBM exige planejamento técnico e atenção contínua à performance, estabilidade e monitoramento. O simples ato de treinar e salvar um modelo não basta: é preciso garantir que ele opere em um ambiente seguro, rápido e alinhado às necessidades do negócio. A integração com Flask ou FastAPI, aliada a boas práticas de engenharia e monitoramento, transforma modelos de alta qualidade em soluções práticas e de impacto real.

O deploy não é o fim do processo, mas o início de uma operação contínua de aprendizado, adaptação e geração de valor.

CAPÍTULO 21. MONITORAMENTO DE MODELOS EM PRODUÇÃO

Disonibilizar modelos em produção é apenas metade da jornada em machine learning. A outra metade, frequentemente negligenciada, é o monitoramento contínuo, que garante que os modelos mantenham a performance desejada e continuem entregando valor ao longo do tempo. Em ambientes reais, dados mudam, padrões de uso evoluem e a performance dos modelos pode degradar rapidamente. Sem monitoramento, mesmo o modelo mais preciso e bem treinado corre o risco de se tornar obsoleto, gerando decisões equivocadas e prejuízos para a organização. Exploraremos, nesta fase, as práticas fundamentais para monitorar modelos LightGBM em produção, garantindo estabilidade, precisão e alinhamento com os objetivos de negócio.

Métricas de Saúde do Modelo

O monitoramento começa pelo acompanhamento das métricas de saúde do modelo. As métricas variam conforme a tarefa (classificação, regressão, ranking), mas todas têm o objetivo comum de fornecer sinais precoces sobre a performance do sistema.

Entre as métricas essenciais estão:

- Para classificação: acurácia, precisão, recall, F1-score, AUC-ROC

- Para regressão: RMSE, MAE, R^2

- Para ranking: NDCG, MRR, MAP

Além dessas, monitore também métricas operacionais, como latência média e p95 (percentil 95) de tempo de resposta, taxa de erros na API, consumo de memória e CPU.

Exemplo de cálculo periódico:

python

```
from sklearn.metrics import accuracy_score, f1_score

# Simulação de coleta de previsões e rótulos reais
accuracy = accuracy_score(y_true, y_pred)
f1 = f1_score(y_true, y_pred)

print(f'Acurácia: {accuracy}, F1 Score: {f1}')
```

Tais métricas devem ser calculadas de forma contínua ou por meio de amostras periódicas, garantindo uma visão consistente da saúde do modelo.

Drift Detection

O drift, ou desvio de dados, ocorre quando a distribuição das variáveis de entrada ou saída muda ao longo do tempo, tornando o modelo menos eficaz. Existem dois tipos principais:

- **Data drift**: mudança na distribuição das variáveis de entrada

- **Concept drift**: mudança na relação entre entrada e saída (ex.: os padrões que definem fraude mudam com o tempo)

Detectar drift envolve comparar distribuições históricas e atuais por meio de testes estatísticos ou visualizações.

Ferramentas práticas incluem:

- Kolmogorov-Smirnov Test para variáveis contínuas

- Chi-Squared Test para variáveis categóricas

- Monitoramento de métricas como PSI (Population Stability Index) e JSD (Jensen-Shannon Divergence)

Modelo com scipy:

python

```
from scipy.stats import ks_2samp


statistic, p_value = ks_2samp(historical_data, current_data)
if p_value < 0.05:
    print('Data drift detectado')
```

Atualização de Modelos Online

Quando drift é detectado ou a performance cai, atualizar o modelo torna-se necessário. Existem duas abordagens principais:

- **Atualização batch**: re-treinamento periódico com dados recentes e deploy de uma nova versão do modelo

- **Atualização online**: ajuste incremental do modelo com dados em tempo real, exigindo algoritmos adaptativos (menos comum com LightGBM, mas possível usando frameworks híbridos)

Para a maioria dos casos com LightGBM, a estratégia

recomendada é:

- Coletar amostras representativas de dados recentes

- Validar a performance do modelo atual nesses dados

- Re-treinar o modelo ou ajustar hiperparâmetros conforme necessário

- Realizar deploy utilizando pipelines CI/CD controlados

Ferramentas Recomendadas

Existem ferramentas robustas para monitoramento contínuo e detecção de drift, incluindo:

- **Prometheus + Grafana**: coleta de métricas e visualizações em tempo real

- **Evidently AI**: pacotes Python para monitoramento, cálculo de métricas e detecção automática de drift

- **WhyLabs**: plataforma SaaS para monitoramento de dados e modelos

- **MLflow**: rastreamento de experimentos, comparação de versões e monitoramento básico de métricas

Modelo com Evidently AI:

python

```
from evidently.report import Report
from evidently.metric_preset import DataDriftPreset

report = Report(metrics=[DataDriftPreset()])
```

```
report.run(reference_data=historical_data,
current_data=current_data)
report.show()
```

As ferramentas ajudam a integrar monitoramento ao fluxo diário de trabalho, alertando automaticamente equipes técnicas sobre mudanças relevantes.

Resolução de Erros Comuns

Erro: "Métricas de monitoramento ausentes ou inconsistentes"
Solução: Configure coleta automatizada de métricas e valide periodicamente a consistência dos dados coletados.

Erro: "Drift falso positivo"
Solução: Ajuste os thresholds estatísticos e utilize múltiplas métricas para validar antes de disparar atualizações no modelo.

Erro: "Demora excessiva para atualizar modelos"
Solução: Automatize pipelines de re-treinamento e utilize agendadores como Airflow ou Prefect para coordenação.

Erro: "Baixo engajamento das equipes com os alertas"
Solução: Estabeleça processos claros de resposta a alertas e eduque stakeholders sobre a importância das métricas.

Erro: "Deploys disruptivos em produção"
Solução: Utilize deploys canários, dark launches ou blue-green deployments para minimizar impactos.

Boas Práticas

- Defina métricas-chave de monitoramento antes de colocar o modelo em produção.

- Integre o cálculo dessas métricas ao pipeline de produção para coletar dados automaticamente.

- Combine métricas estatísticas e de negócio para capturar

desvios técnicos e impactos reais.

- Estabeleça thresholds e planos de resposta claros para cada métrica monitorada.

- Documente todas as mudanças no modelo, incluindo os motivos, dados utilizados e resultados esperados.

- Promova um ciclo contínuo de aprendizado, utilizando o monitoramento como insumo para melhorar modelos e processos.

Resumo Estratégico

O monitoramento de modelos em produção é uma prática essencial para garantir que soluções de machine learning continuem gerando valor e evitando riscos operacionais. Ao acompanhar métricas de saúde, detectar drift e atualizar modelos de forma sistemática, as equipes garantem não apenas a performance técnica, mas também a relevância estratégica das aplicações.

Quando bem executado, o monitoramento transforma machine learning em um ciclo virtuoso de melhoria contínua, permitindo que dados e modelos evoluam em sintonia com os desafios e oportunidades do mundo real.

CAPÍTULO 22. DIAGNÓSTICO E DEBUG

Mesmo os modelos mais sofisticados e os pipelines mais bem planejados podem enfrentar desafios inesperados durante o desenvolvimento, treinamento, deploy ou operação em produção. O diagnóstico e o debug eficientes são habilidades indispensáveis para qualquer profissional que trabalha com LightGBM. Compreender essas etapas significa não apenas identificar rapidamente a causa raiz de um problema, mas também resolvê-lo de forma elegante, minimizando impactos no cronograma e nos resultados. Apresentaremos estratégias práticas para utilizar logs, analisar falhas, empregar ferramentas externas, aplicar resoluções rápidas e evitar armadilhas comuns no trabalho com LightGBM.

Logs do LightGBM

O LightGBM oferece um sistema robusto de logging que ajuda a rastrear o progresso do treinamento e diagnosticar potenciais problemas. Ao configurar o modelo, o parâmetro verbose controla o nível de detalhamento dos logs. Um valor típico como verbose=1 exibe métricas a cada iteração, enquanto verbose=-1 silencia completamente as mensagens.

Configuração com logs ativados:

python

```
import lightgbm as lgb
```

```
params = {
    'objective': 'binary',
    'metric': 'binary_logloss',
    'verbose': 1,
    'learning_rate': 0.1,
    'num_leaves': 31
}
```

```
model = lgb.train(params, train_data, num_boost_round=100,
valid_sets=[valid_data])
```

Além dos logs padrão, o LightGBM também permite redirecionar as saídas para arquivos externos, facilitando análises posteriores e rastreabilidade em pipelines complexos. Isso pode ser feito redirecionando a saída padrão no ambiente de execução ou utilizando bibliotecas Python como logging.

Análise de Falhas

A análise de falhas começa pela identificação clara do sintoma: o modelo não treina, as métricas não melhoram, os tempos de execução são excessivos ou as previsões parecem incoerentes. Para conduzir uma análise eficiente:

- Revise os logs de treinamento, buscando por mensagens de erro ou alertas.

- Analise os hiperparâmetros utilizados, validando se os valores estão dentro de ranges razoáveis.

- Verifique os dados de entrada: checar tipos, valores

ausentes, escalas discrepantes e codificações categóricas.

- Teste o modelo em um subconjunto reduzido dos dados para isolar o problema.

- Realize treinamentos rápidos com parâmetros simplificados para verificar a estabilidade básica do pipeline.

Ferramentas Externas de Debug

Além dos recursos internos do LightGBM, ferramentas externas são fundamentais para diagnosticar problemas de forma eficiente. Algumas recomendadas incluem:

- **Pandas Profiling**: gera relatórios completos sobre o dataset, identificando outliers, colunas constantes, correlações extremas e distribuições anômalas.

- **Evidently AI**: oferece relatórios de qualidade e drift dos dados, detectando problemas antes mesmo de chegar ao modelo.

- **Scikit-learn Validation Tools**: funções como cross_val_score, train_test_split e StratifiedKFold ajudam a validar a robustez do pipeline.

- **Python Debuggers (pdb, ipdb)**: possibilitam a inspeção linha a linha durante a execução do código, útil para investigar falhas discretas.

Modelo de diagnóstico exploratório:

python

```
import pandas as pd
```

```
# Relatório automático de dados
import pandas_profiling
profile = df.profile_report(title='Relatório de Diagnóstico')
profile.to_file("relatorio.html")
```

Estratégias de Resolução Rápida

Algumas estratégias aceleram a resolução de problemas críticos:

- **Simplificar o modelo**: reduza num_leaves, max_depth e num_boost_round para testar rapidamente a sanidade do código.

- **Trabalhar com amostras menores**: selecione um subconjunto representativo para reduzir o tempo de diagnóstico.

- **Isolar componentes**: execute etapas do pipeline separadamente (pré-processamento, divisão de dados, treinamento, predição) para identificar onde o problema surge.

- **Ativar logs detalhados**: aumente a verbosidade para capturar mais informações nos logs.

- **Testar com dados sintéticos**: crie datasets artificiais simples para garantir que o modelo está treinando corretamente.

Resolução de Erros Comuns

Erro: "ValueError: could not convert string to float"
Solução: Certifique-se de que todas as colunas categóricas estão

convertidas para o tipo category no Pandas ou codificadas apropriadamente antes do treinamento.

Erro: "Categorical feature not recognized"
Solução: Informe os nomes corretos das colunas no argumento categorical_feature ao criar o Dataset.

Erro: "Training diverges (loss increases)"
Solução: Reduza learning_rate, aumente min_data_in_leaf e ajuste num_leaves para conter a complexidade do modelo.

Erro: "MemoryError"
Solução: Reduza o número de features, utilize amostragem, diminua max_bin ou execute o treinamento em máquinas com mais RAM.

Erro: "Early stopping not triggered"
Solução: Certifique-se de fornecer um conjunto de validação (valid_sets) e configurar corretamente early_stopping_rounds.

Boas Práticas

- Ative logs apropriados ao contexto: detalhados no desenvolvimento, moderados em experimentação e silenciosos em produção.

- Realize análises exploratórias completas dos dados antes do treinamento, identificando possíveis problemas antecipadamente.

- Documente as etapas de debug e as soluções aplicadas para futuras consultas e aprendizado da equipe.

- Implemente testes unitários e de integração nos pipelines, detectando falhas automaticamente em alterações de código.

- Crie scripts de validação mínima que testem dados, pré-processamento e treinamento em menos de 1 minuto.

- Desenvolva o hábito de isolar componentes complexos antes de otimizá-los ou integrá-los ao pipeline final.

Resumo Estratégico

O diagnóstico e debug eficientes são habilidades que transformam desenvolvedores e analistas comuns em solucionadores de problemas excepcionais. No contexto do LightGBM, lidar com logs, analisar falhas, utilizar ferramentas externas e aplicar estratégias rápidas permite manter modelos de alta performance mesmo em cenários desafiadores. Mais do que resolver erros, trata-se de construir uma mentalidade preventiva, documentada e sistemática, que fortalece a qualidade técnica, reduz retrabalho e aumenta a confiança das equipes e stakeholders.

CAPÍTULO 23. ESCALABILIDADE E PERFORMANCE

Quando se trabalha com modelos em ambientes reais, a precisão deixa de ser o único objetivo. O desafio passa a incluir escalabilidade e performance: processar volumes massivos de dados, reduzir tempo de treinamento e manter a eficiência computacional mesmo sob carga pesada. No ecossistema do LightGBM, esses objetivos são alcançados por meio de sharding de dados, paralelismo avançado e estratégias de balanceamento de cargas. Este módulo explora como utilizar esses recursos para elevar modelos LightGBM a um patamar de produção robusto, garantindo entregas rápidas, precisas e escaláveis.

Sharding de Dados

Sharding de dados refere-se à divisão do dataset em partes menores, chamadas shards, para processá-las de forma distribuída. Esse conceito é essencial em cenários de big data, onde um único nó não consegue armazenar ou processar o volume completo de informações.

No contexto do LightGBM, o sharding é realizado automaticamente no modo paralelo e distribuído. Ao configurar o treinamento com múltiplas máquinas, cada worker processa um shard do dataset, e os resultados são agregados para formar o modelo final. Isso permite acelerar o processamento sem sacrificar a consistência.

Para aproveitar o sharding, é necessário preparar o ambiente distribuído e utilizar os argumentos adequados na execução, como:

bash

```
lightgbm config=lightgbm.conf data=dataset.txt
num_machines=4
```

No ambiente Python, bibliotecas como Dask e frameworks como Apache Spark podem ser utilizados para pré-particionar dados antes de alimentar o LightGBM, otimizando ainda mais a distribuição das tarefas.

Paralelismo

O paralelismo é um dos pontos fortes do LightGBM. Ele divide o processo de treinamento em múltiplas threads, aproveitando totalmente os núcleos disponíveis no processador. Por padrão, o LightGBM detecta automaticamente o número de threads, mas é possível controlar isso explicitamente com o parâmetro num_threads.

Exemplo de configuração:

python

```
params = {
    'objective': 'binary',
    'metric': 'auc',
    'num_threads': 8,
    'learning_rate': 0.1,
    'num_leaves': 31
}
```

Além do paralelismo local, o LightGBM suporta execução em modo distribuído, onde múltiplas máquinas coordenam o treinamento. Isso exige configuração de rede, comunicação eficiente entre nós e particionamento apropriado dos dados, mas o ganho em velocidade é significativo, especialmente em datasets que ultrapassam a memória de uma única máquina.

Balanceamento de Cargas

O balanceamento de cargas é fundamental para garantir que nenhum worker fique ocioso ou sobrecarregado. Em ambientes distribuídos, ele assegura que os dados sejam divididos de forma equilibrada, evitando gargalos. Algumas boas práticas incluem:

- Garantir que shards tenham tamanhos semelhantes para cada nó

- Verificar a capacidade computacional de cada worker e, se necessário, configurar manualmente a divisão de dados

- Monitorar o uso de CPU, memória e rede para identificar nós subutilizados ou saturados

Casos Práticos

No setor financeiro, empresas utilizam LightGBM distribuído para analisar transações em tempo real, distribuindo shards de dados entre dezenas de servidores, o que permite detectar fraudes em segundos. Em marketing digital, pipelines de recomendação processam cliques, impressões e interações utilizando clusters distribuídos, garantindo respostas em milissegundos.

Outro exemplo prático está na biotecnologia, onde sequências genéticas massivas são analisadas por meio de modelos distribuídos, reduzindo tempos de processamento de semanas para horas.

Resolução de Erros Comuns

Erro: "Training hangs in distributed mode"
Solução: Verifique se todos os workers estão corretamente

configurados e se conseguem se comunicar na rede. Use machines.txt para listar os nós participantes.

Erro: "Unbalanced workload among workers"
Solução: Reparta os shards de dados manualmente, garantindo volume similar por nó, ou utilize ferramentas externas como Dask para particionamento.

Erro: "Out of memory on single node"
Solução: Reduza o max_bin, use amostragem dos dados ou aumente a quantidade de shards para permitir execução distribuída.

Erro: "Slow training despite multiple threads"
Solução: Ajuste num_threads de acordo com a arquitetura do sistema e monitore o consumo de recursos para evitar sobrecarga.

Erro: "Inconsistent results between runs"
Solução: Defina o parâmetro seed para garantir reprodutibilidade entre execuções.

Boas Práticas

- Sempre teste o pipeline em dados pequenos antes de escalar para o ambiente completo.

- Monitore recursos com ferramentas como htop, nvidia-smi (em GPUs) e dashboards específicos para clusters.

- Documente a arquitetura do ambiente distribuído, incluindo máquinas, configuração de rede e parâmetros de execução.

- Utilize logs detalhados (verbose) para identificar gargalos e ajustar os parâmetros conforme necessário.

- Adote soluções de orquestração como Kubernetes para gerenciar e balancear recursos automaticamente.

- Realize benchmarks periódicos para validar se o ambiente está operando próximo do desempenho ideal.

Resumo Estratégico

A escalabilidade e a performance não são apenas luxos em projetos de machine learning modernos, mas requisitos essenciais para transformar modelos em ativos produtivos e geradores de valor. O LightGBM fornece as ferramentas necessárias para trabalhar com dados massivos e ambientes distribuídos, aproveitando sharding, paralelismo avançado e balanceamento de cargas para entregar soluções rápidas, robustas e precisas.

A busca por performance não deve ser vista como uma etapa final, mas como uma disciplina contínua de aprimoramento, alinhando inovação e impacto operacional em larga escala.

CAPÍTULO 24. OTIMIZAÇÃO DE CUSTOS EM CLOUD

À medida que modelos de machine learning evoluem e são escalados para ambientes de produção, o impacto financeiro torna-se um fator crítico. Treinar e executar modelos como LightGBM na nuvem oferece flexibilidade e escalabilidade incomparáveis, mas também envolve custos que podem crescer rapidamente se não forem gerenciados com cuidado. Dominar as estratégias de otimização de custos permite aproveitar os benefícios das plataformas cloud (AWS, Google Cloud, Azure, entre outras) sem comprometer o orçamento ou a performance. Este capítulo explora práticas essenciais para otimizar custos em ambientes cloud, com foco em CPU, GPU, batch size, threads, estratégias multi-cloud, além de erros comuns e boas práticas.

Custos em GPU vs. CPU

A escolha entre CPU e GPU é um dos primeiros fatores que impactam o custo em cloud. O LightGBM foi projetado para operar de forma extremamente eficiente em CPU, tirando proveito de paralelismo avançado. Ele também oferece suporte a GPU, mas diferentemente de modelos de deep learning, os ganhos de performance no LightGBM nem sempre justificam os custos adicionais com GPU.

Para tarefas com datasets pequenos a médios, CPUs multicore bem configuradas geralmente oferecem a melhor relação custo-benefício. GPUs podem ser vantajosas em datasets muito grandes, onde a construção dos histogramas e o cálculo dos gradientes se tornam gargalos. Porém, instâncias com GPU custam até 10 vezes mais por hora do que equivalentes em CPU, tornando fundamental validar a necessidade antes de escalar.

Estratégia prática:

- Realize benchmarks com CPU antes de migrar para GPU.

- Meça tempo de treinamento por dólar gasto, não apenas tempo absoluto.

- Avalie a possibilidade de utilizar instâncias preemptivas ou spot para reduzir custos em GPU.

Ajuste de batch size e threads

Embora o LightGBM não funcione com batch size no mesmo sentido que redes neurais, ele se beneficia diretamente do ajuste de num_threads e num_iterations para otimizar o uso de recursos computacionais.

Configurar num_threads permite aproveitar os núcleos disponíveis de forma equilibrada:

python

```python
params = {
    'objective': 'binary',
    'metric': 'auc',
    'num_threads': 8,
    'learning_rate': 0.05,
    'num_leaves': 31
}
```

Práticas recomendadas:

- Ajustar num_threads de acordo com a quantidade real de

núcleos disponíveis na máquina cloud.

- Reduzir num_iterations com early_stopping_rounds para evitar gastos com iterações desnecessárias.

- Controlar max_bin para diminuir uso de memória e acelerar cálculos em máquinas menores.

Estratégias de Redução de Custos

Diversas estratégias podem ser aplicadas para reduzir custos sem sacrificar qualidade:

- **Instâncias spot/preemptivas**: oferecem descontos de até 90% em relação às instâncias sob demanda, com o risco de interrupção — ideais para treinos tolerantes a falhas.

- **Agendamento inteligente**: execute treinos em horários de menor demanda da nuvem, aproveitando preços dinâmicos.

- **Armazenamento eficiente**: utilize formatos compactos como .parquet para datasets e armazene modelos em buckets otimizados.

- **Ajuste de dados**: trabalhe inicialmente com amostras menores para validar pipelines antes de rodar versões completas.

- **Pipeline otimizado**: minimize transformações e transferências desnecessárias entre etapas do pipeline.

Exemplo Multi-cloud

Uma estratégia avançada de otimização de custos envolve a distribuição de workloads entre provedores, utilizando cada ambiente para suas forças:

- AWS EC2 Spot Instances para treinar modelos pesados com CPU.

- Google Cloud TPU (mesmo que não seja diretamente para LightGBM) para pré-processamento de deep learning.

- Azure Batch para paralelizar múltiplos experimentos simultâneos.

Pipeline multi-cloud:

1. Pré-processamento em Google Cloud utilizando BigQuery.

2. Treinamento LightGBM em AWS com instâncias spot.

3. Armazenamento de modelos no Azure Blob Storage para integrações com sistemas corporativos.

Essa abordagem demanda orquestração cuidadosa (Kubernetes, Airflow) e monitoramento em tempo real, mas oferece oportunidades consideráveis de redução de custos e aumento de resiliência.

Resolução de Erros Comuns

Erro: "Instance out of memory"
Solução: Reduza max_bin, aumente min_data_in_leaf e otimize os tipos de dados (int8, float32).

Erro: "Job killed (preemptible interruption)"
Solução: Configure checkpoints periódicos e scripts de retomada automática.

Erro: "Unexpected GPU slowdown"
Solução: Verifique a versão correta do LightGBM com suporte a GPU e os drivers instalados no ambiente cloud.

Erro: "Excessive storage costs"
Solução: Use armazenamento em cold tier para arquivos antigos e compacte datasets antes de subir para a nuvem.

Erro: "API costs exceeding budget"
Solução: Defina cotas e alertas nas ferramentas de billing da cloud para monitorar custos.

Boas Práticas

- Realize benchmarks curtos com dados amostrados antes de iniciar experimentos completos.

- Utilize instâncias com discos locais SSD para reduzir tempo de leitura de dados.

- Monitore continuamente custos com ferramentas nativas da nuvem (AWS Cost Explorer, Google Cloud Billing, Azure Cost Management).

- Padronize nomes e tags de recursos cloud para facilitar rastreabilidade.

- Automatize desligamento de instâncias ociosas com scripts ou ferramentas como Terraform.

- Mantenha logs e relatórios de custos para aprendizado e otimização contínua da equipe.

Resumo Estratégico

Otimizar custos em cloud não é apenas uma questão de redução orçamentária, mas de inteligência operacional. Saber combinar os pontos fortes das plataformas, ajustar configurações específicas de treinamento, escolher corretamente entre CPU e GPU, e monitorar custos em tempo real transforma modelos LightGBM em soluções sustentáveis e escaláveis.

Otimização de custos é, portanto, um pilar essencial para a maturidade e longevidade das operações de inteligência artificial em ambientes produtivos.

CAPÍTULO 25. ESTUDOS DE CASO

Estudos de caso são essenciais para transformar teoria em prática e ilustrar como o LightGBM pode ser aplicado em cenários reais. Eles revelam não apenas os acertos, mas também os desafios, as decisões tomadas durante o processo e as lições valiosas que fortalecem a atuação de equipes de ciência de dados. Neste capítulo, serão apresentados três estudos emblemáticos: um projeto de classificação na área da saúde, um modelo de previsão de demanda e um sistema de recomendação. Ao longo de cada estudo, serão destacadas as estratégias, dificuldades, soluções e os aprendizados adquiridos, além de erros comuns, boas práticas e reflexões estratégicas.

Caso 1: Classificação em saúde

Um hospital universitário decidiu utilizar LightGBM para prever a readmissão de pacientes em até 30 dias após a alta. O objetivo era reduzir custos hospitalares e melhorar o acompanhamento pós-alta. O dataset incluía histórico médico, idade, diagnósticos, resultados laboratoriais e uso de medicamentos.

O pipeline montado incluía:

- Pré-processamento de dados com Pandas, tratamento de valores ausentes, padronização de escalas e conversão de variáveis categóricas.

- Separação dos dados em treino e teste com train_test_split, garantindo distribuição balanceada das classes.

- Treinamento com LGBMClassifier, ajuste de

hiperparâmetros via GridSearchCV e monitoramento das métricas AUC e F1-score.

- Avaliação em conjunto externo para validar a generalização.

Resultados:

- AUC: 0.87

- F1-score: 0.72

- Redução estimada de readmissões: 15% em pilotos controlados

Desafios enfrentados incluíram desbalanceamento das classes, corrigido com scale_pos_weight, e variabilidade nas unidades hospitalares, resolvida ajustando modelos por segmento.

Caso 2: Previsão de Demanda

Uma rede varejista buscava prever a demanda semanal de produtos para otimizar estoques e reduzir perdas. O dataset continha histórico de vendas, promoções, datas comemorativas, clima e variáveis regionais.

A equipe construiu um pipeline robusto:

- Engenharia de features com agregações temporais, rolling averages e encoding de datas.

- Divisão em treino/validação usando janela temporal (TimeSeriesSplit), essencial para evitar vazamento de dados futuros.

- Modelagem com LGBMRegressor, ajustes finos de hiperparâmetros como num_leaves, min_data_in_leaf e learning_rate.

- Avaliação com RMSE e análise de resíduos.

Resultados:

- RMSE: 12% menor que o baseline (modelo linear anterior)

- R^2: 0.81

- Economia estimada: R$ 1,2 milhão/ano em redução de estoque

Desafios incluíram lidar com outliers em promoções massivas, resolvido aplicando winsorization, e variabilidade regional, abordada com modelos hierárquicos.

Caso 3: Sistema de Recomendação

Uma plataforma de streaming desejava recomendar conteúdos personalizados com base no histórico de visualização e interações do usuário. O objetivo era aumentar o tempo médio de permanência na plataforma.

A abordagem seguiu os seguintes passos:

- Criação de pares usuário-item, gerando features como histórico recente, gênero preferido, horário de consumo e dispositivos utilizados.

- Cálculo de labels baseados em cliques e visualizações completas.

- Implementação de modelo LGBMRanker com objetivo 'lambdarank' e métrica NDCG@10, garantindo foco em recomendações no topo da lista.

- Avaliação offline e teste A/B com usuários reais.

Resultados:

- NDCG@10: 0.63

- Aumento de 8% no tempo médio por sessão

- Aumento de 12% na taxa de cliques em recomendações

Os maiores desafios envolveram lidar com sparsidade e cold start, que foram mitigados incorporando variáveis contextuais e dados agregados.

Lições Aprendidas

De todos os casos, surgiram lições comuns:

- Entender profundamente o negócio antes de modelar evita desperdício de esforços com métricas irrelevantes.

- Um pipeline bem estruturado, com pré-processamento, engenharia de features e validação robusta, vale mais que apenas "hiperparametrizar".

- Simplicidade no início (modelos menores, menos features) permite diagnosticar problemas mais rapidamente.

- A combinação de métricas de negócio e métricas estatísticas gera impacto real e alinha as equipes técnicas e gerenciais.

Resolução de Erros Comuns

Erro: "Overfitting detectado nos testes finais"
Solução: Reforçar validação cruzada, aplicar regularização (lambda_l1, lambda_l2) e usar early_stopping_rounds.

Erro: "Pipeline quebrando em dados novos"
Solução: Automatizar tratamento de dados ausentes e

normalizar variáveis categóricas inesperadas no pré-processamento.

Erro: "Performance inconsistente entre regiões/segmentos"
Solução: Treinar modelos segmentados ou incorporar variáveis regionais/contextuais.

Erro: "Demora excessiva no treinamento"
Solução: Reduzir complexidade do modelo, ajustar num_leaves e otimizar recursos computacionais.

Boas práticas

- Começar pequeno, validar rapidamente e só então escalar.

- Investir tempo em análise exploratória para entender padrões, anomalias e limitações dos dados.

- Monitorar continuamente o impacto do modelo em produção e implementar ciclos de atualização periódicos.

- Manter comunicação constante entre equipe técnica e stakeholders para ajustar objetivos e métricas conforme o projeto avança.

- Documentar todas as decisões, desde a escolha das features até os ajustes de hiperparâmetros, garantindo rastreabilidade.

Resumo estratégico

Estudos de caso mostram que o valor do LightGBM vai muito além de métricas em laboratório. Ele reside na capacidade de entregar soluções precisas, rápidas e alinhadas aos objetivos de negócio, mesmo em contextos desafiadores e com dados complexos. O segredo está em combinar boas práticas técnicas, entendimento do domínio e um ciclo constante de aprendizado e aprimoramento.

Esses casos reforçam a importância não apenas do manejo técnico, mas também da visão crítica, adaptabilidade e capacidade de gerar valor concreto a partir dos dados.

CONCLUSÃO FINAL

Ao longo desta obra, percorremos uma jornada aprofundada pelo ecossistema do LightGBM, consolidando conceitos fundamentais e avançados que permitem aplicar essa poderosa ferramenta com confiança e eficiência em problemas reais. A proposta foi entregar um manual técnico, didático e aplicável, para profissionais que buscam excelência no trabalho com aprendizado supervisionado em dados estruturados.

Os primeiros passos foram dedicados à introdução do LightGBM, contextualizando suas diferenças frente a bibliotecas como XGBoost e CatBoost, explicando conceitos como boosting, árvores baseadas em folhas e a arquitetura de histogramas que confere velocidade e precisão ao algoritmo. Abordou-se desde a instalação em diferentes sistemas operacionais até o entendimento das estruturas internas de Dataset e Booster, destacando métricas e parâmetros que orientam o aprendizado.

Ao avançar no conteúdo, exploramos a construção do primeiro modelo com LightGBM, partindo da preparação dos dados e chegando à avaliação das métricas de desempenho. Foram apresentados os principais hiperparâmetros, suas interações e impactos práticos, sempre com foco em guiar o leitor a encontrar o equilíbrio entre desempenho, estabilidade e capacidade preditiva.

O tratamento de dados desbalanceados foi abordado com profundidade, apresentando estratégias como ajuste de pesos, seleção de métricas apropriadas e validação cuidadosa. O ajuste fino dos modelos trouxe à tona práticas como early stopping, regularização e monitoramento de overfitting, essenciais para quem busca consistência em ambientes de produção.

A análise de importância das variáveis mostrou como interpretar os fatores que impulsionam as previsões, utilizando métodos como SHAP values e Partial Dependence Plots para enriquecer a explicabilidade e fortalecer a confiança nos modelos. A integração com Pandas e NumPy, sempre com atenção à otimização de memória, reforçou a importância de fluxos de trabalho eficientes e bem organizados.

O uso em classificação, regressão e ranking foi explorado com detalhamento, destacando os ajustes específicos para cada tarefa, a escolha criteriosa de métricas e as aplicações em casos como saúde, varejo e sistemas de recomendação. Foram também discutidas técnicas avançadas de tunagem automática com Optuna, treinamento paralelo em CPU e GPU, além de boas práticas para lidar com dados categóricos de forma nativa.

A integração com o ecossistema Python — por meio do Scikit-learn — ampliou a flexibilidade de uso do LightGBM, permitindo aproveitar pipelines, GridSearchCV e métricas robustas para validar experimentos. A introdução do MLflow trouxe uma camada de rastreabilidade e gestão de experimentos essencial para equipes maduras, enquanto as seções sobre deploy em produção e monitoramento reforçaram a necessidade de manter modelos sob controle, atentos a drift, desempenho e estabilidade.

Foram abordadas estratégias para diagnosticar e resolver problemas, destacando o papel dos logs, ferramentas externas de debug e métodos de resolução rápida. Questões de escalabilidade e performance foram discutidas com atenção a sharding, paralelismo, balanceamento de cargas e otimização de recursos computacionais. No contexto cloud, enfatizou-se a escolha inteligente entre CPU e GPU, ajuste de threads e uso de instâncias spot para reduzir custos.

Os estudos de caso trouxeram à tona a aplicação prática do conhecimento: um projeto de classificação em saúde, que ajudou a prever readmissões hospitalares e reduzir custos; uma solução para previsão de demanda no varejo, que resultou em ganho operacional e financeiro; e um sistema de recomendação em uma plataforma de streaming, que aumentou engajamento e retenção. Esses casos ilustraram a aplicação coordenada de pré-processamento, engenharia de features, validação, ajuste de hiperparâmetros e avaliação em cenários reais.

As lições aprendidas ao longo do caminho destacaram a importância de entender o problema de negócio, manter pipelines organizados, priorizar a clareza no código, monitorar continuamente modelos em produção e trabalhar em ciclos iterativos que integram aprendizado técnico e impacto estratégico.

Olhando para o futuro, o ecossistema do LightGBM deve continuar evoluindo. Avanços são esperados na otimização para GPU, integração com plataformas de AutoML, suporte a novos formatos interoperáveis como ONNX, melhorias nativas em interpretabilidade e expansões para ambientes distribuídos de larga escala. O desenvolvimento de integrações mais estreitas com frameworks como Dask, Apache Spark e orquestradores como Airflow abre portas para fluxos de trabalho cada vez mais robustos e automáticos. A área de explicabilidade também tende a ganhar mais espaço, consolidando ferramentas integradas ao pipeline de modelagem.

Ao leitor, recomenda-se investir tempo em experimentação. Reproduza exemplos, teste com seus próprios dados, documente as decisões, valide pipelines com rigor e procure entender não apenas o que funciona, mas por que funciona. Use o conhecimento adquirido para gerar impacto no negócio, conectando métricas técnicas a resultados tangíveis. Priorize soluções que sejam robustas, interpretáveis e eficientes — não apenas tecnicamente sofisticadas, mas também alinhadas às necessidades da organização e dos usuários finais.

Que este material sirva como um companheiro de trabalho. Ele não pretende ser um fim, mas um ponto de partida para um ciclo contínuo de aprendizado, descoberta e inovação. Ao longo das páginas, buscou-se oferecer não apenas conteúdo técnico, mas uma visão estratégica sobre como transformar dados em soluções, modelos em impacto e aprendizado em valor.

Agradecimento!

A você que navegou por este livro até aqui, meu mais sincero agradecimento. Seu compromisso com o aprendizado, sua paciência diante dos conceitos desafiadores e sua dedicação em transformar conhecimento em prática fazem de você parte de uma comunidade que constrói o futuro com inteligência e propósito.

Espero que cada capítulo tenha entregue não apenas respostas, mas também perguntas instigantes, novas ideias e uma base sólida para continuar crescendo como profissional. Que este material sirva como um gia nas suas próximas iniciativas, inspire melhorias em projetos atuais e fortaleça sua capacidade de resolver problemas reais com soluções elegantes e eficientes.

Cordialmente,
Diego Rodrigues & Equipe!